イラスト＆図解

知識 **ゼロ** でも
楽しく読める！

古事記

國學院大學教授
谷口雅博 監修

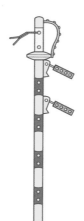

西東社

はじめに

『古事記』の神話・物語を純粋に楽しむためには、予備知識がないほうがよいと思います。余計な先入観をもたずに、まずは何が書いてあるのか、どういう話があるのかを知ることからはじめるのがよいでしょう。

　そうして読み進めると、「この話は聞いたことがある」とか、「この話は『古事記』に載っている話だったのか」とか、1300年以上も前の書物にいろいろな物語が書かれていることに気づかされることでしょう。本書は、「知識ゼロでも読める」のではなく、「知識がゼロだからこそ楽しく読める」ように『古事記』を紹介する、そういう本になっているのではないかと思います。

　アマテラスの天の石屋、因幡の白兎、海幸山幸の兄弟争いの話など、あまりくわしくは知らなくとも、何となく知っているという話が盛りだくさんに載っているのが『古事記』です。その意味では「国民の古典」と言っても言い過ぎではないでしょう。

　本書で説明している事柄には、解釈が加えられています。712年に『古事記』が成立してから今日に至るまでの間に成されてき

た、さまざまな先人たちの考察を踏まえつつ、「このように読める
のではないか」「このように理解できるのではないか」という解
釈を経た上での内容紹介となっています。

　もちろん、通説的な事柄や、一般的な理解を重視していますし、
あまり突拍子もない解釈を施してはいません。なかには、通説と
は異なる箇所もないわけではありませんが、それでも、初めて『古
事記』に触れる方々を念頭に置いて、『古事記』に対する誤解や、
偏った理解をされないように注意を払ったつもりです。

『古事記』の本格的な研究は江戸時代中期の本居宣長にはじまり
ますが、それ以降、現在に至ってもなお、解釈の定まらない問題
がたくさんあります。黄泉国はどこにあるのか、ヤマタノオロチ
とは何者なのか、出雲（現在の島根県）は何故神話の主要舞台と
して登場するのか等々、数え上げればきりがありません。本書で
『古事記』の神話・物語に触れていただいた後、今度は徐々にそ
うした謎にも挑んでみていただければ、より一層深く『古事記』
の世界を堪能することができるのではないかと思います。

國學院大學教授　谷口雅博

もくじ

2章 【中巻】天皇の誕生と諸国の平定 …… 103 ▼ 158

3章 【下巻】皇位継承と復讐の連鎖 ……………… 159 ▼ 187

パッと見てわかる！『古事記』下巻のあらすじ … 160

◆本書の神名・人名は現代仮名使いによる新字体・カタカナ表記ですが、一部、旧仮名使いで表記している箇所もあります。神名・人名の尊称は、基本的に省略しています。

序章

「古事記」はどんな書物?

『古事記』は「天の石屋」や「ヤマタノオロチ」などの
日本神話が記されていることで有名な、
日本に現存する最古の歴史書です。
まずは、『古事記』がどんな本なのかを見ていきましょう。

01 『古事記』って何？どんな書物？

なるほど！ 日本の最古の歴史書で、内容は**天皇家の神話**。神々の葛藤が現代の読み手にも共感を与える！

『古事記』とは、どんな書物なのでしょうか？

『古事記』は**日本に現存する最古の歴史書**で、「**天の石屋**」（➡P44）や「**ヤマタノオロチ**」（➡P52）、「**因幡の白兎**」（➡P58）といった有名な神話が書かれています〔**図1**〕。完成したのは、奈良時代初期の712年とされます。ほぼ同時期（720年）に成立した『**日本書紀**』とともに「**記紀**」と呼ばれています。

『古事記』の内容をひと言で言えば、「**天皇家の神話**」です。『古事記』がつくられた目的は、天皇家の祖先が、天上を治める女神**アマテラス**（➡P48）であると示すこと。「**神の子孫である天皇が、日本を統治することは正統である**」と主張するためなのです。

ただ、『古事記』が魅力的なのは、神々や天皇の英雄的な活躍を称えるだけの内容になっていないところにあります。『**古事記』に登場する神々や天皇たちは、争い、失敗し、悩み苦しみます**。こうした人間くささが、読む人の共感を呼ぶ内容になっています。

また、国を奪われた**オオクニヌシ**（➡P74）や、非業の死を遂げた**ヤマトタケル**（➡P142）をていねいに描くなど、「**敗者」に深い共感を寄せている**描写も魅力のひとつ〔**図2**〕。『古事記』は、日本人の心に響く〝物語〟の原点と言える作品なのです。

日本の神話が記された『古事記』

▶『古事記』を代表する神話〔図1〕

『古事記』には、有名な日本神話が書かれている。

天の石屋

アマテラスが洞窟にこもり、世界は暗闇に包まれる。
（➡P44）

ヤマタノオロチ

頭と尾が八つずつある巨大な蛇を、スサノオが倒す。
（➡P52）

因幡の白兎

鮫に皮をはがれた兎が、オオクニヌシに救われる。
（➡P58）

▶敗者に寄りそう『古事記』〔図2〕

国家がつくった歴史書は、一般的には勝者を称える内容が中心になるが、『古事記』では敗者への共感が多く見られる。

出雲神話

オオクニヌシが治めていた出雲（現在の島根県）は、アマテラスに奪われる。敗者である出雲が舞台の「出雲神話」は、『古事記』が記す神話全体の4割以上を占めている。

ヤマトタケル

景行天皇の子・ヤマトタケルは、神的な力を発揮して遠征を成功させるが、帰還の途中に非業の死を遂げる。『古事記』には、この悲劇的な英雄の生涯が詳細に記されている。

神がかった活躍をするヤマトタケルだが、最期は非業の死を遂げる。

「古事記」はどんな書物？ **序章**

02 『古事記』を つくったのは誰？

なるほど! 発案は**天武天皇**。**稗田阿礼**に読み習わせ、それを引き継いだ**太安万侶**が完成させた!

『古事記』をつくったのは、誰なのでしょうか？

『古事記』の序文によると、まず、天皇家の系譜を記した『**帝紀**』と、古代の伝承を記した『**旧辞**』に誤りがあったそうです。そのため、40代**天武天皇**が、正しい歴史を後世に伝える書物をつくろうと考え、優れた記憶力をもつ**稗田阿礼に正しい天皇家の物語と系譜を読み習わせた**のがはじまりとされます。しかし、天武天皇の在世中には完成しませんでした。

その後、43代**元明天皇**がこの事業を引き継ぎます。711年9月に、稗田阿礼が語る内容を**太安万侶**に書き記させ、翌年1月に完成したとされます〔**図1**〕。この序文は後世に追加されたものという説もありますが、本文の内容や文字づかいなどから、**奈良時代前期（8世紀初頭）に『古事記』が完成したのは確実**とされています。

『古事記』は、**上巻・中巻・下巻の三巻で構成され、上巻は神話、中・下巻は天皇のできごとを記しています**。文体も独特で、基本的には漢文ですが、万葉仮名と呼ばれる音仮名（漢字一字を日本語一音に対応させる文字）などを交えた**「変体漢文体」**（和化漢文体・倭文体とも）になっています〔**図2**〕。変体漢文体は日本人以外には読めないので、『古事記』は国内向けにつくられたと思われるのです。

複数の天皇が関わって完成させる

▶『古事記』成立までの流れ〔図1〕

天皇家の物語と系譜を読み習えよ

稗田阿礼

40代 天武天皇

30〜40年ほど経過

稗田阿礼が語る内容を書き記しなさい

43代 元明天皇

太安万侶

稗田阿礼

天武天皇が正しい歴史書をつくるため、稗田阿礼に天皇家の歴史を読み習わせる。

元明天皇の命を受けた太安万侶が、稗田阿礼が語る内容を『古事記』としてまとめる。

▶『古事記』基本データと変体漢文体〔図2〕

基本データ

構成 （全三巻）	上巻（天地創成〜神代の物語） 中巻（神武天皇〜応神天皇） 下巻（仁徳天皇〜推古天皇）
編者	帝紀・旧辞を読み覚えた稗田阿礼の語りを太安万侶が整えて完成させた。
完成年	712 年（和銅5年）
表記	音訓交用の変体漢文体

変体漢文体

変体漢文体の例

久羅下那州多陀用弊流之時

意味 クラゲのようにただよっているとき

『古事記』の**あらすじ**

パッと見てわかる！

上巻には神武天皇誕生までの神々の物語が書かれ、中巻・下巻は天皇ごとの実績が紹介されています。

上巻 (➡ P23)

天と地が生まれてから、イワレビコ（後の神武天皇）が誕生するまでの神々の物語。

1 イザナキとイザナミ (➡ P28)

世界の誕生後、イザナキとイザナミが日本列島を生む。その後、イザナキは死んだイザナミを黄泉国に迎えに行くが、恐怖で地上に戻り、アマテラスとスサノオを生む。

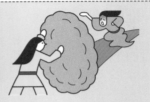

2 アマテラスとスサノオ (➡ P38)

スサノオは天上のアマテラスのもとで乱暴をくり返す。恐れたアマテラスが天の石屋にこもることで世界は暗闇に包まれるが、神々が協力して解決する。天から追放されたスサノオだったが、地上でヤマタノオロチを退治する。

3 オオクニヌシの国譲り (➡ P76)

スサノオの子孫のオオクニヌシは、地上に豊かな国をつくるが、アマテラスの要求に従って、国を譲る。

4 天孫降臨 (➡ P84)

アマテラスの孫のニニギが地上に降り立つ。ニニギの子孫にイワレビコが誕生する。

中巻 (→ P103)

神武天皇から15代応神天皇までのできごとを、天皇ごとにまとめて紹介している。

1 神武天皇 (→ P108)

イワレビコが九州から東征を開始。大和（現在の奈良県）を平定し、初代神武天皇として即位する。

2 崇神天皇 (→ P122)

10代崇神天皇はオオモノヌシを三輪山にまつり、全国を平定する。

3 景行天皇 (→ P134)

12代景行天皇の子ヤマトタケルは、父の命令で西国と東国を平定するが、その帰路で息絶える。

4 仲哀天皇 (→ P144)

14代仲哀天皇の皇后・神功皇后は、朝鮮半島の新羅に遠征する。

下巻 (→ P159)

16代仁徳天皇から33代推古天皇までのできごとを、天皇ごとにまとめて紹介している。

1 仁徳天皇 (→ P162)

16代仁徳天皇は、民のために税を免除する。一方で浮気をくり返し、皇室内で争いを引き起こす。

2 雄略天皇 (→ P176)

オオハツセは、皇位継承候補者を次々と殺害し、21代雄略天皇として即位する。

3 顕宗天皇 (→ P182)

雄略天皇に父を殺されたオケとヲケの兄弟が発見される。ヲケは23代顕宗天皇として即位する。

「古事記」はどんな書物？ **序章**

『古事記』に登場する神々

イザナキとイザナミが生んだ神々と、イザナキの禊で生まれたアマテラスとスサノオとその子孫などが、神話に登場します。

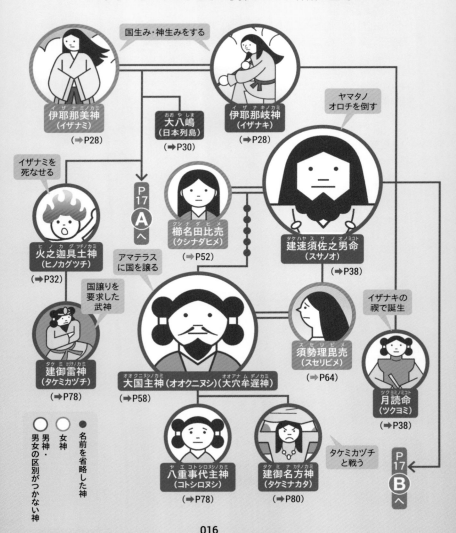

国生み・神生みをする

伊耶那美神（イザナミ）
（⇒P28）

大八嶋（日本列島）
（⇒P30）

伊耶那岐神（イザナキ）
（⇒P28）

ヤマタノオロチを倒す

イザナミを死なせる

火之迦具土神（ヒノカグツチ）
（⇒P32）

櫛名田比売（クシナダヒメ）
（⇒P52）

建速須佐之男命（スサノオ）
（⇒P38）

P17 A へ

アマテラスに国を譲る

国譲りを要求した武神

建御雷神（タケミカヅチ）
（⇒P78）

大国主神（オオクニヌシ）（大穴牟遅神）
（⇒P58）

須勢理毘売（スセリヒメ）
（⇒P64）

イザナキの禊で誕生

月読命（ツクヨミ）
（⇒P38）

八重事代主神（コトシロヌシ）
（⇒P78）

建御名方神（タケミナカタ）
（⇒P80）

タケミカヅチと戦う

P17 B へ

○ 男神
○ 女神
● 男女の区別がつかない神
● 名前を省略した神

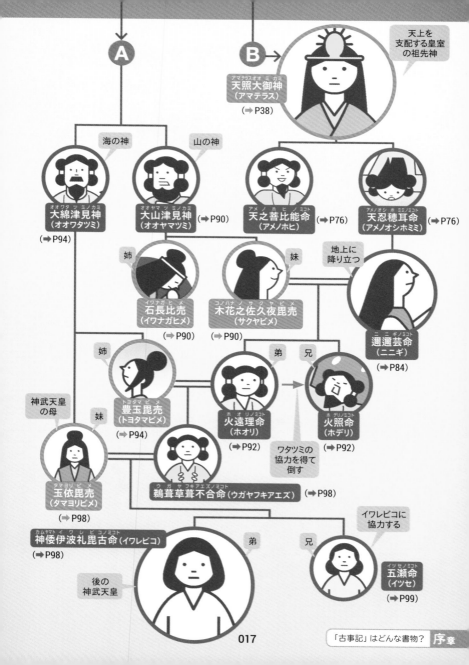

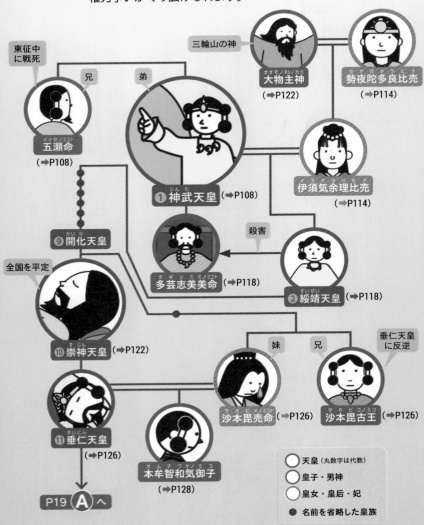

『古事記』に登場する皇族

パッと見てわかる！

神武天皇の子孫が皇位を継承していきますが、皇族内では激しい権力争いがくり広げられます。

三輪山の神

大物主神 オオモノヌシノカミ
（➡P122）

勢夜陀多良比売 セヤダタラヒメ
（➡P114）

東征中に戦死

兄

弟

五瀬命 イツセノミコト
（➡P108）

① 神武天皇 じんむ（➡P108）

伊須気余理比売 イスケヨリヒメ
（➡P114）

⑨ 開化天皇 かいか

殺害

多芸志美美命 タギシミミノミコト（➡P118）

② 綏靖天皇 すいぜい（➡P118）

全国を平定

⑩ 崇神天皇 すじん（➡P122）

妹

兄

垂仁天皇に反逆

沙本毘売命 サホビメノミコト（➡P126）

沙本毘古王 サホビコノミコ（➡P126）

⑪ 垂仁天皇 すいにん（➡P126）

本牟智和気御子 ホムチワケノミコ（➡P128）

P19 A へ

○ 天皇（丸数字は代数）

○ 皇子・男神

○ 皇女・皇后・妃

● 名前を省略した皇族

018

ヤマト
タケルを
恐れる

倭比売命
ヤマトヒメノミコト
（➡P136）

⑫景行天皇
けいこう
（➡P134）

西征・
東征を
命じられる

弟

兄

オオウスノミコト
大碓命
（➡P134）

倭建命
ヤマトタケルノミコト
（小碓命）
（➡P134）

殺害

新羅を
平定

⑲允恭天皇
いんぎょう

⑱反正天皇
はんぜい
（➡P168）

⑰履中天皇
りちゅう
（➡P168）

⑳安康天皇
あんこう

妹

道ならぬ
恋に落ちる

兄

軽大郎女
カルノオオイラツメ
（➡P170）

木梨之軽太子
キナシノカルノミコ
（➡P170）

力づくで
皇位につく

安康天皇
を殺す

目弱王
マヨワノミコ
（➡P174）

神功皇后
じんぐう
（➡P144）

⑭仲哀天皇
ちゅうあい
（➡P144）

反乱を
起こす

⑮応神天皇（品陀和気命）
おうじん　　　　ホムダワケノミコト
（➡P152）

聖の帝

㉑雄略天皇
ゆうりゃく
（大長谷王子）
オオハツセ
（➡P176）

雄略天皇
に殺される

市辺之忍歯王
イチノベノオシハノミコ
（➡P176）

大山守命
オオヤマモリノミコト
（➡P152）

宇遅能和紀郎子
ウヂノノワキイラツコ
（➡P154）

⑯仁徳天皇
にんとく
（大雀命）
オオサザキ
（➡P152）

弟

兄

㉓顕宗天皇
けんぞう
（袁祁王）
ヲケ
（➡P182）

㉔仁賢天皇
にんけん
（意祁王）
オケ
（➡P182）

「古事記」はどんな書物？　序章

『古事記』の世界観

『古事記』の世界観は、北方系の「垂直的世界観」と南方系の
「水平的世界観」が混在しています。

解説

『古事記』の世界観は、高天の原と葦原中国との垂直的な二層構造となっています。これは、大陸から日本に渡ってきた渡来人によって伝えられた北方系神話に基づくものです。しかし『古事記』には、海の彼方の常世の国やワタツミの宮など、水平的な世界観も混在していまます。これらは東南アジア方面から伝わった南方系神話と考えられています。

父イザナキから高天の原の統治を命じられる。弟スサノオの乱暴に耐えかねて天の石屋にこもる。

高千穂

ニニギ

ワタツミの宮

海の神ワタツミの宮殿で、海上（または海中）にある。

日向
（現在の宮崎県）

アマテラスの孫。日向の高千穂の峰に降り立ち、葦原中国を統治する。

黄泉比良坂

ホオリ

根の堅州国

スサノオが統治する国。黄泉比良坂で地上とつながっているため、黄泉国と同じ国とも考えられるが、国の様子があまりにもちがうため、別の国という説が有力。

ニニギの子。兄の釣り針を探すためワタツミの宮に向かう。

天の石屋
あま いわ や

高天の原にある岩の洞窟。

高天の原
たか あま はら

高天の原にいる神々は、
「天つ神」と呼ばれる。

天の安河
あめ やすのかわ

高天の原を流れる河。

アマテラス

スサノオの子孫。
根の堅州国でスサノオから
与えられた試練を乗り越え、
地上に国をつくるが、
アマテラスに国を譲るように
要求され、承諾する。

オオクニヌシ

アマテラスの弟。海原から高天の原に
上って乱暴をくり返した後、追放されて
出雲に降り立ち、ヤマタノオロチを退治。
その後、根の堅州国を治める。

スサノオ

葦原中国
あし はらのなかつくに

地上の世界。オオクニヌシが
国をつくる。

出雲
いずも
（現在の島根県）

海原
うな ばら

スサノオが父イザナキから
統治を命じられた海の世界。

黄泉比良坂
よもつ ひら さか

地上と黄泉国
をつなぐ坂で、
出雲にある。

常世の国
とこよ くに

海の彼方にあるとされ、
スクナビコナが国づく
りの途中で常世の国へ
去る。

黄泉国
よ のくに

死者の世界。山中か地下か、
その所在は不明。イザナキは
死んだ妻イザナミを迎えるた
め黄泉国へ向かうが、変わり
果てた妻を見て逃げ出す。

「古事記」はどんな書物？ 序章

『古事記』を短期間でつくり上げた優秀な官僚

太安万侶
〔? ～723〕

太安万侶は、元明天皇に命じられて『古事記』を編纂した人物として知られています。古代の豪族・多氏の出身で、安万侶が「多」を「太」に改めました。多氏の祖先は、神武天皇の子のカムヤイミミ（2代綏靖天皇の兄）とされ、安万侶は壬申の乱で天武天皇の勝利に貢献した多品治の子か、といわれています。文官として朝廷に仕え、平城京に暮らしていました。

『古事記』の序文によれば、安万侶はわずか4か月で、稗田阿礼が読み習っていた天皇家の記録を『古事記』として完成したとされます。阿礼が目にし、唱えていた言葉は、古くから日本で使われていた素朴な「大和言葉」だったので、文章を整えるのはたいへんだったといいます。そのため安万侶は、大和言葉のニュアンスを残すために、音訓交用の変体漢文体（➡P12）という特殊な表記を用いたと考えられています。

文才に優れていた安万侶は、715年に民部卿（民部省の長官）という高官にまで出世し、『日本書紀』の編纂にも参加したといわれます。

1979年、奈良市で安万侶の墓が発見され、出土した青銅製の墓誌には、安万侶が平城京に住み、位階・勲等が「従四位下勲五等」で、723年に死去したことなどが記されていました。これにより、安万侶が実在したことが確かめられたのです。

1章

章

【上巻】
天地創造と
神々の誕生

『古事記』の「上巻」は、日本列島が生まれ、
神々が誕生する話からはじまります。
個性豊かな神々が巻き起こす物語は、
今なお、新鮮な魅力に満ちあふれています。

パッと見てわかる!

『古事記』上巻のあらすじ

世界の誕生からはじまり、アマテラスの「天の石屋」や、スサノオのヤマタノオロチ退治など、神々の活躍が描かれます。

イザナキとイザナミの物語

 1 国生み
（➡ P30）

世界が誕生し、天と地に分かれた後、イザナキとイザナミが最初の島を誕生させる。ふたりは結婚して日本列島を生む。

 2 神生み
（➡ P32）

イザナキとイザナミは神々を生んでいくが、イザナミは火の神を生んだときに死に、黄泉国へ行く。

3 黄泉国
（➡ P34）

イザナキはイザナミを迎えるため黄泉国に行くが、変わり果てたイザナミを見て逃げ出し、別れを告げる。

4 アマテラス スサノオの 誕生 (➡ P38)

黄泉国から地上に戻ったイザナキは、アマテラスとスサノオらを生む。

5 アマテラス vs スサノオ (➡ P42)

スサノオはアマテラスが治める天上に上って対決。
スサノオが一方的に勝利を宣言する。

6 天の石屋 (➡ P44)

スサノオが天上で乱暴をくり返す
ため、アマテラスは石屋にこもり、
世界は暗闇に包まれる。八百万の
神々の協力で、アマテラスは石屋
から引き出される。

7 スサノオの 追放 (➡ P50)

責任を問われたスサノオは天上から
追放される。

出雲のスサノオとオオクニヌシの物語

8 ヤマタノオロチ
(➡ P52)

出雲に降り立ったスサノオは、蛇の怪物ヤマタノオロチを退治する。

9 因幡の白兎
(➡ P58)

スサノオの子孫オオアナムヂ（オオクニヌシ）は、因幡の海岸で兎を助ける。

10 国づくり (➡ P74)

オオクニヌシは神々の協力を得ながら、地上の国づくりを完成させる。

11 国譲り
(➡ P78)

アマテラスは武神を派遣して、オオクニヌシに国を譲るように要求する。オオクニヌシは、国を譲ることを決意する。

12 天孫降臨 （てん そん こう りん）
（→ P84）

アマテラスの孫ニニギが、神々を引き連れて、九州の高千穂（たかちほ）に降り立つ。

13 ウミヒコ・ヤマヒコ （→ P92）

ニニギの子のホデリ（ウミヒコ）とホオリ（ヤマヒコ）の兄弟は激しく争うが、ホオリが勝利する。

14 神武天皇の誕生 （じん む）
（→ P98）

ホオリの子は四人の兄弟を生む。その末っ子イワレビコは、後に神武天皇になる人物だった。

03 世界はどうやって はじまったの?

地上は**水面に浮かぶ脂のような状態**だったが、**天上に現れた神々**によって島々がつくられた!

世界はどのようにしてはじまったのでしょうか? 『古事記』では、混沌とした世界に天と地がはじめて現れるところから物語がはじまります。**天上の高天の原には、アメノミナカヌシ、タカミムスヒ、カムムスヒの三神が現れました**〔**図1**〕。このとき、地上の国は水に浮かぶ脂のようにただよう状態でした。そこへ、葦の芽のように勢いよく現れたのが、**ウマシアシカビヒコヂ**と**アメノトコタチ**でした。ここまでの五柱※の神は特別な天の神とされます。

続いて、クニノトコタチとトヨクモノも現れたのですが、すぐに姿を隠してしまいました。ここまでに現れた七神は、男女の区別のない**「独り神」**ですが、これに続いて4組の男神と女神がペアで次々と出現します。そして5組目に、**男神のイザナキ**と**女神イザナミ**が現れました。クニノトコタチからイザナミまでを、合わせて**「神代七代」**と呼びます。

天の神は、イザナキとイザナミの男女神に**「ただよっている国をつくり固めよ」**と命じ、天の沼矛を授けます。そこで男女神は天地の間にかかる**天の浮橋**に立ち、沼矛を海に入れてかき回しました。沼矛を抜くと、その矛の先から塩がしたたり落ち、積み重なり、島になりました。これが**オノゴロ島**です〔**図2**〕。

※柱は、神を数えるときに使う助数詞。

日本最初の島の誕生

▶ 最初に出現した三神 〔図1〕

最初に登場したタカミムスヒとカムムスヒは、どちらも「生む」神で、二神を統合するために設けられたのがアメノミナカヌシ。

出雲系の神々を助ける

最高神だが、この後、登場しない

高木神（タカギノカミ）とも呼ばれる

カムムスヒ
神を生む神で、スクナビコナ（➡P74）を生む。

アメノミナカヌシ
天の真ん中を統べる観念的な神。

タカミムスヒ
生成・生産の神で、オモイカネ（➡P46）を生む。

▶ オノゴロ島の誕生 〔図2〕

イザナキとイザナミが、沼矛を海に下ろして、「こおろこおろ」とかき鳴らして引き上げたとき、矛の先からしたたり落ちる塩が重なって、日本最初の島「オノゴロ島※」が誕生した。オノゴロ島神話における空想上の島で、実在はしない。

イザナミ

イザナキ

天の沼矛

こおろこおろ

※「自ずから凝り固まった島」という意味。

日本列島のはじまりは？「国生み」の流れ

なるほど！ イザナキとイザナミがオノゴロ島で結婚。
島々を次々と生み、日本列島ができあがった！

オノゴロ島誕生後、日本列島はどうやってできたのでしょうか？

イザナキとイザナミはオノゴロ島に降り立つと、**天の御柱と八尋殿**という神殿を建てました。そして、イザナキはイザナミに**「私の体のあまった部分と、あなたの体の足りない部分を合わせて国を生むのはどうだろう」**と提案します。イザナミが「それはいい考え」と答えると、イザナキは「柱を回って、出会ったところで結婚しよう」と言いました。ふたりは柱を回り出会ったところで、先にイザナミが「すてきな男」と声をかけ、次にイザナキが「なんていい女」と答えました。ふたりは契りを交わしますが、**生まれたのは手足のなえたヒルコだったので、葦の舟に乗せて流しました**〔**図1**〕。

ふたりは相談し、「今、私たちが生んだ子はよくない。天の神に報告しよう」と言い、**高天の原**に上ります。天の神から「女から先に声をかけたのがよくない」と助言されたふたりは、島に戻ると、再び柱を回り、**今度はイザナキが先に声をかけてからいっしょに寝ました**。すると、**淡路島**が誕生したのです。

続いてふたりは、**四国、隠岐島、九州、壱岐島、対馬、佐渡島、本州**を生んでいきます（**国生み**）。この八つの島が先に生まれたので、この国のことは**「大八嶋国」**と呼ばれているのです〔**図2**〕。

夫婦神が島々を生む

▶ 最初の国生み〔図1〕

イザナキとイザナミが結婚して生んだのは、ヒルコだった。これは、女が先に「誘った」のが原因だった。

柱を回って出会ったとき、イザナミが先に声をかけた。

手足のなえたヒルコが生まれたので、葦の舟で流した。

▶ 日本列島の誕生〔図2〕

イザナキとイザナミは、大八嶋国（日本）を生んだ後、吉備児島や小豆島などの六島を生んだ。国生みの順序は、瀬戸内海から大陸へ向かう航路が反映されている。

❸ 隠伎之三子島（隠岐島）
❻ 津島（対馬）
❺ 伊伎島（壱岐島）
❼ 佐度島（佐渡島）
❽ 大倭豊秋津島（本州）

さらに生んだ六島
❾ 吉備児島（岡山県児島半島）
❿ 小豆島（香川県小豆島）
⓫ 大島（山口県大島）
⓬ 女島（大分県姫島）
⓭ 知訶島（長崎県五島列島）
⓮ 両児島（長崎県男女群島）

❹ 筑紫島（九州）
❷ 伊予之二名島（四国）
❶ 淡道之穂之狭別島（淡路島）

※番号は誕生した順。

島の次は神を生んだ？
「神生み」とイザナミの死

なるほど！ 夫婦神は**住居や自然、生産の神々を生んだ**が、
イザナミは**火の神を生んで死んでしまった！**

国生みを終えたイザナキとイザナミは何をしたのでしょう？　今度は島々ではなく、夫婦で**神々を生んでいった**のです。これが**「神生み」**です。まず、ふたりが生んだのは、住居に関わる七神。続いて、海の神**オオワタツミ**など、水に関わる三神を生みます。さらに山の神**オオヤマツミ**などの自然に関わる四神を生み、続いて、船の神**アメノトリフネ**や穀物の神**オオゲツヒメ**を生み、続いて火の神**ヒノカグツチ**を生みました〔**図1**〕。

しかし、イザナミはヒノカグツチを生むとき、陰部に大火傷を負ってしまいます。苦しむ病床で、それでもイザナミは嘔吐物や糞尿から鉱山や粘土、灌漑などに関わる六神を生んでいきますが、とうとう亡くなってしまいます。嘆き悲しむイザナキは**「いとしい妻の命を、ただひとりの子と取り替えてしまったとは」**と言い、大声で泣いた後、妻イザナミの亡骸を比婆山に葬りました。

しかし、イザナキの悲しみと怒りはおさまりません。イザナキは腰に帯びた**十拳の剣**で、自分の子であるヒノカグツチの首を切り落としたのです。すると、その血から雷の神**タケミカヅチ**（➡P80）など八神が生まれ、さらに亡骸からも八神が生まれました〔**図2**〕。また、切った刀は**イツノオハバリ**と呼ばれる神になりました。

あらゆるものを生み出す

▶ イザナキとイザナミが生んだ神々〔図1〕

ふたりが生んだ十七神は、住居や自然、生産などに関わっている。

住居に関わる七神

- ● **大事忍男神**（オオコトオシオノカミ）
  （国生み終了を知らせる神）
- ● **石土毘古神**（イワツチビコノカミ）
  （石と土の神）
- ● **石巣比売神**（イワスヒメノカミ）
  （石と砂の女神）
- ● **大戸日別神**（オオトヒワケノカミ）
  （門の神）
- ● **天之吹男神**（アメノフキオノカミ）
  （屋根の神）
- ● **大屋毘古神**（オオヤビコノカミ）
  （建物の神）
- ● **風木津別之忍男神**（カザモクツワケノオシオノカミ）
  （風の神）

水に関わる三神

- ● **大綿津見神**（オオワタツミノカミ）（海の神）
- ● **速秋津比古神**（ハヤアキツヒコノカミ）（河の神）
- ● **速秋津比売神**（ハヤアキツヒメノカミ）（河の女神）

自然に関する四神

- ● **志那都比古神**（シナツヒコノカミ）（風の神）
- ● **久久能智神**（ククノチノカミ）（木の神）
- ● **大山津見神**（オオヤマツミノカミ）（山の神➡P90）
- ● **鹿屋野比売神**（カヤノヒメノカミ）（野の女神）

生産に関わる三神

- ● **鳥之石楠船神**（トリノイワクスフネノカミ）
  （別名：天鳥船神（アメノトリフネノカミ））
  （神が乗る船➡P78）
- ● **大宜都比売神**（オオゲツヒメノカミ）
  （穀物の女神➡P50）
- ● **火之迦具土神**（ヒノカグツチノカミ）
  （火の神）

▶ イザナミの死〔図2〕

イザナミの死は、人が火を手に入れるために払った代償を象徴すると考えられる。

イザナミは、ヒノカグツチを生むときに大火傷を負い、それがもとで亡くなる。

イザナキは、ヒノカグツチを切り殺す。その血と亡骸から神々が生まれた。

〔上巻〕天地創造と神々の誕生 **1章**

06 イザナキは妻を迎えに死者の国にまで行った?

なるほど! イザナキは死者の国「黄泉国」で妻と再会。しかし、変わり果てた妻の姿を見て逃げ出す!

　妻・イザナミの死を悲しむイザナキ。なんとイザナキは、イザナミに会うため、**死者の住む「黄泉国」に向かいました**。

　黄泉国に着いたイザナキは、イザナミが住む御殿の扉の前で「愛しい私の妻よ。帰ってきてほしい」と訴えます。イザナミは姿を見せないまま「帰ろうと思いますが、この国の神に相談しなければなりません。その間、**どうか私を見ないでください**」と答え、御殿の中に戻ります。しかし、いくら待ってもイザナミは戻りません。待ちかねたイザナキは、約束を破り御殿の中に入ります。**火を灯すと、そこには腐乱して無数のウジがたかる妻の姿がありました**。イザナキが恐れをなして逃げ出すと、イザナミは**「よくも、私に恥をかかせたな」**と叫び、醜い鬼女たちに後を追わせました〔**右図**〕。

　イザナキは追ってくる鬼女や雷神などを必死に追い払いながら、黄泉国の出口にある黄泉比良坂にたどり着きます。しかし、今度はイザナミ自身が追ってきたので、イザナキは**千引の岩**で坂をふさぎました。イザナミは**「そういうことをするなら、私はあなたの国の人々を一日に千人ずつ殺そう」**と言いますが、イザナキは**「それなら私は、一日に千五百人ずつ子をつくろう」**と答えます。こうしてイザナキは、イザナミとの別れを決意したのです。

「死」が夫婦神の関係を絶つ

▶ 黄泉国から逃げ出す イザナキ

イザナミが腐乱したり、鬼女や雷神が追ってくるのは、古代人の死に対する恐怖を物語っているといわれる。

イザナキが火を灯すと、イザナミの体にはウジがたかり、8人の雷神が居座っていた。これを見たイザナキは恐怖で逃げ出す。

ヨモツシコメ（黄泉国の鬼女）が追ってきたとき、イザナキが黒御鬘（髪を束ねる飾り）を投げると山ぶどうが生え、櫛を投げると筍が生えた。ヨモツシコメがそれらを食べている間にイザナキは逃げた。

雷神が軍勢を率いて追ってきたが、イザナキは黄泉比良坂の下まで逃げたとき、そこに生えていた桃を投げつけた。すると追っ手はすべて退散した。桃には魔除けの効能があるとされていた。

イザナキは、黄泉比良坂まで追ってきたイザナミを千引の岩でふさぎ止める。ふたりはお互いに別れの言葉を告げる。

【上巻】天地創造と神々の誕生　1章

Q イザナキが向かった 黄泉国（よもつくに）はどこにある？

イザナキは、イザナミを比婆山（ひばやま）に葬りますが、その後、イザナキがイザナミを迎えに行った黄泉国は、比婆山ではないようです。では、黄泉国は、いったいどこにあるのでしょうか？

イザナキは、火の神を生んで亡くなった妻イザナミを**出雲国（現（いずものくに）在の島根県東部）と伯耆国（現在の鳥取県西部）の境にある比婆山（ほうきのくに）（ひばやま）**に葬ります。しかし、妻を忘れられないイザナキは、比婆山ではなく黄泉国へと向かいます。変わり果てた妻を見たイザナキは逃げ出し、**黄泉比良坂を通って地上（葦原中国）に戻ってきました。**（よもつひらさか）（あしはらのなかつくに）

『古事記』には、「黄泉比良坂は、出雲国の伊賦夜坂である」と記されていますが、黄泉国の位置は記されていません。そのため、実は黄泉国の場所がどこかは、現在も諸説あるのです。

黄泉国が「**地下世界**」だとする説の根拠は、「黄泉」という漢語が、もともとは「地中の泉」を意味するというもの。「**地上世界**」だとする説の根拠は、イザナミが比婆山に葬られていて、「ヨモ」は「ヤマ」が語源であるというものです。

黄泉国には、もうひとつ謎があります。**スサノオ**が出雲でヤマタノオロチを退治した後に住んだ「**根の堅州国**」も、**黄泉比良坂で地上とつながっている**のです（➡P66）。では、根の堅州国と黄泉国は同じ場所かというと、これも諸説あります。いずれにしても、**黄泉国と出雲が密接に関連している**のは明らかなようです。

イザナキは、スサノオを追放した後、近江国（現在の滋賀県）の多賀に鎮座したので、黄泉国のイザナミとは永遠に別れることになりました。

黄泉国の位置づけ

地下説 黄泉比良坂で地上とつながっている。

地上説 黄泉比良坂を上って山にある黄泉国に行く。

【上巻】天地創造と神々の誕生 **1章**

07 顔を洗って神が生まれた？ 「三貴子」の誕生

 なるほど！ 黄泉国で付いた汚れを水で清めていたとき、アマテラス、ツクヨミ、スサノオが誕生した！

『古事記』を知らなくてもよく聞く名前、アマテラス、ツクヨミ、スサノオ。これらの神々は、どのように生まれたのでしょうか？

三貴子を生んだのは、イザナキです。黄泉国から地上**（葦原中国）**に戻ったイザナキは、「私は、なんという汚らわしい国に行ったのだろう。**身を清めるために禊をしよう**」と言い、禊をはじめます。禊とは、水で体を洗い清めて心身を浄化する儀式のことです。そして、**イザナキが投げ捨てた杖や帯、脱ぎ捨てた衣などから次々と神が生まれました**。その数は十二神にのぼります〔**図1**〕。

さらに、水をくぐって身を清めると、黄泉国で付いた汚れから二神が生まれ、汚れを清める三神も現れます。次に、水の底に潜ったとき、博多湾を拠点にする**阿曇連の始祖であるワタツミの三神**と、**墨江（現在の住吉大社）にまつられている三神**が生まれました。

禊の最後に、左目を洗っているときに太陽神**アマテラス**が生まれ、右目を洗っているときに月の神**ツクヨミ**が生まれ、鼻を洗っているときに嵐の神**スサノオ**が生まれます〔**図2**〕。イザナキは**「私は子を次々に生んできたが、最後に三柱の貴い子（三貴子）を得た」**と歓喜します。そして、アマテラスには**高天の原**を、ツクヨミには**夜の国**を、スサノオには**海原**を、それぞれ治めるよう命じました。

水の浄化作用で神が生まれる

▶ 禊で生まれた十二神 〔図1〕

イザナキは、所持品や衣類は黄泉国で汚れが付いたと考え、禊で投げ捨てた。そのとき、次々と神が生まれた。

冠
飽咋之宇斯能神
(アキグイノウシノカミ)
汚れを食う神

衣
和豆良比能宇斯能神
(ワズライノウシノカミ)
煩いの神

右の腕輪
辺疎神
(ヘザカリノカミ)
浜辺の神

辺津那芸佐毘古神
(ヘツナギサビコノカミ)
浜辺の渚の神

辺津甲斐弁羅神
(ヘツカイベラノカミ)
浜辺と沖の間の神

左の腕輪
奥疎神
(オキザカリノカミ)
沖の神

奥津那芸佐毘古神
(オキツナギサビコノカミ)
沖の渚の神

奥津甲斐弁羅神
(オキツカイベラノカミ)
浜辺と沖の間の神

帯
道之長乳歯神
(ミチノナガチハノカミ)
岩の神

杖
衝立船戸神
(ツキタツフナトノカミ)
魔除けの神

袴
道俣神
(チマタノカミ)
分かれ道の神

袋
時量師神
(トキハカラシノカミ)
時間の神

▶ 三貴子の誕生

三貴子のうちツクヨミは、この後、登場しない。

〔図2〕

左目 アマテラス
治める国
高天の原

右目 ツクヨミ
治める国
夜の国

鼻 スサノオ
治める国
海原

スサノオは泣いて ばかりの問題児だった?

なるほど! スサノオは任された国を治めることなく、母恋しさに泣き続けて国土を荒廃させていた!

父のイザナキから与えられた国を治めることになった、**アマテラス**と**ツクヨミ**と**スサノオ**。うまく治められたのでしょうか?

スサノオは問題児でした。任された海原を治めようとせず、あご髭が胸元に届くまで成長しても、泣き叫んでばかりだったのです。その泣き方は激しく、山の木々が枯れ、川や海の水はスサノオの涙となり、泣き乾してしまうほどでした。そこで、イザナキが「どうして国を治めようとせず、泣いてばかりいるのだ」とたずねると、スサノオは**「亡き母のいる根の堅州国に行きたくて泣いているのです」**と答えます。怒ったイザナキは**「それならば、この国に住んではならぬ」**と言って、スサノオを追放してしまいました〔**図1**〕。

スサノオは「それならば、姉のアマテラスにあいさつをしてから根の国へ去ろう」と言い、高天の原に上りはじめます。すると、山や川はことごとく鳴動し、国土は振動しました。この音を聞いて驚いたアマテラスは**「弟が天に上ってくるのは、善良な心からではあるまい。私の国を奪おうとしているにちがいない」**と考えます。

そして、髪をほどいて男の髪型である角髪に編み上げ、矢が千本も入る矢筒を背負い、弓を握りしめて、現れたスサノオに向かって**「何のために、天に上ってきたのだ」**と叫んだのです〔**図2**〕。

スサノオの行動が国土を荒らす

▶ 枯れる国土 〔図1〕

スサノオには水神としての性質があり、スサノオが泣くと、山も川も海も枯れた。

イザナキは、「母に会いたい」と泣き続けるスサノオを海原から追放。ちなみに、『古事記』でのイザナキの登場はここで終わる。

ゆかりの神社 **1**

多賀大社
【滋賀県犬上郡】

『古事記』ではイザナキが鎮まった地とされ、イザナキとイザナミをまつる。

▶ スサノオを警戒するアマテラス 〔図2〕

スサノオを警戒するアマテラスは、天上で武装して待ち構えた。

● 左右の角髪にも、かずら（蔓草でつくった冠）にも、左右の手首にも、勾玉を連ねた飾りを巻きつけた。

● 堅い地面にめりこむほど、足を踏みしめた。

● 矢が千本も入る靫（矢筒）を背負い、脇腹には矢が五百本も入る靫を着けた。

● 弓を握りしめ、振り立てた。

● 腕には竹製の鞆（弦の衝撃から腕を守る道具）を着けた。

09 天上の姉弟神対決。どちらが勝利した？

なるほど！ スサノオとアマテラスは**誓いを立てて子を生み、**女神を生んだ**スサノオが勝利宣言した！**

　高天の原に上ってきた**スサノオ**と、それを待ち構える**アマテラス**。ふたりの対決は、どちらに軍配が上がったのでしょうか？

　姉アマテラスの武装姿を見たスサノオは「私に邪な心はありません。父であるイザナキの神が私を追放されたので、それで亡き母の国に去る事情をお話ししようと思って、お別れのあいさつに参ったのです」と答えます。しかし、アマテラスの疑いは晴れません。そこで、スサノオは身の潔白を示すために、**「それぞれ誓いを立てて子を生みましょう」**と提案しました。

　こうしてふたりは**天の安河**をはさんで両岸に立ち、お互いの持ち物を交換することにしました〔**図1**〕。まず、アマテラスがスサノオから**十拳の剣**を受け取り、三つに折って噛み砕いて吹き出すと、**三柱の女神**が生まれました。続いて、スサノオがアマテラスの**勾玉**を噛み砕いて吹き出すと、**五柱の男神**が生まれました〔**図2**〕。

　ここで、アマテラスは「五柱の男神は私の持ち物から生まれたので私の子です。先に生まれた三柱の女神は、あなたの持ち物から生まれたのであなたの子です」と言います。すると、スサノオは**「私の心が清らかだから、やさしい女神を生むことができました。つまり、私の勝ちです」**と、一方的に勝利を宣言したのです。

誓いを立てて神を生む勝負

▶ 持ち物を交換する姉弟神〔図1〕

誓いを立てて子を生むため、アマテラスとスサノオは、お互いの持ち物を交換した。

誓約とは

正邪や吉凶を判断するとき、誓いを立てて、その結果が現れるかどうかで神意をうかがう呪術的な占い。この姉弟神の誓約は、「男神と女神のどちらを生んだら勝ちか」という確認がないまま行われている。

▶ 姉弟神が生んだ神々〔図2〕

スサノオが吹き出すと五柱の男神が生まれ、アマテラスが吹き出すと三柱の女神が生まれた。この三女神は、宗像大社（福岡県宗像市）にまつられ、「宗像三女神」と総称されている。

五柱の男神	三柱の女神（宗像三女神）

五柱の男神：アメノオシホミミ（⇒P76）、イクツヒコネ、アマツヒコネ、アメノホヒ（⇒P76）、クマノクスビ

三柱の女神（宗像三女神）：タキツヒメ、イチキシマヒメ、タキリビメ

【上巻】天地創造と神々の誕生 **1章**

10 なぜアマテラスは「天の石屋」にこもった?

なるほど! アマテラスは天上で暴れ回る弟スサノオに驚きおびえて、天の石屋に隠れてしまった!

　女神を生んで勝利宣言をしたスサノオは、何をしたでしょうか? スサノオの行動の結果、引き起こされたのが、『古事記』の中で最も有名な神話ともいわれる**天の石屋伝説**です。

　勝ち誇ったスサノオは、高天の原の田の畔を壊し、溝を埋め、神殿に糞をまき散らすなど、暴れ回ります。しかし、**アマテラスは弟の乱暴行為をかばい続けます**。それでも、スサノオの乱暴行為は激しさを増すばかり。あるとき、アマテラスが機織り小屋にこもって、機織り女に布を織らせていると、スサノオは小屋の屋根を破って、馬からはぎ取った皮を投げこんできました。そのため、驚いた機織り女が、陰部にけがをして死んでしまったのです〔**図1**〕。

　これを見ておびえたアマテラスは、**天の石屋に身を隠してしまいます。すると、高天の原も地上世界も暗闇に包まれてしまいました。**このため、あらゆる邪神が夏の蝿のように世界に満ち、あらゆる禍が生じてしまいました。

　困り果てた八百万の神々は、**天の安河原**に集まり、対応策を相談します。その結果、**タカミムスヒ**(➡P28)の子で、知恵の神でもあった**オモイカネの考え出した作戦が実行されることになりました。その作戦とは、「祭り」を行うことでした**〔**図2**〕。

アマテラスの我慢が限界を迎える

▶ 天上で暴れ回るスサノオとかばうアマテラス〔図1〕

乱暴を続けるスサノオを、アマテラスはかばい続けた。

スサノオは田の畦を壊して溝を埋めたり、神殿に糞をまき散らしたりした。

田の畦を壊して溝を埋めたのは、土地がもったいないと思ったのでしょう

神殿を汚したのは、酒に酔っていたのでしょう

▶ 天の安河原に集まる八百万の神々〔図2〕

闇に包まれた世界に再び光を取り戻すため、八百万の神々はオモイカネの知恵に頼った。八百万とは、「きわめて数多くの」という意味。

祭りをしようぞ！

オモイカネ

11 神々が大笑い？
オモイカネの「祭り」とは

なるほど！ 好奇心をくすぐって石屋の戸を開かせるため、アメノウズメが踊り狂い、神々は大笑いした！

オモイカネは、アマテラスを引き出すため、まず、朝を告げる**常世の長鳴鳥**を集めて鳴かせました。次に、**イシコリドメに鏡**をつくらせ、**タマノオヤに勾玉を緒に貫いた玉飾**をつくらせました。**フトダマ**は鏡と玉飾を掛けた榊を捧げ持ち、**アメノコヤネは石屋の前で祝詞**（神に奏上する神聖な言葉）を奏上します。石屋の脇には、力自慢の**アメノタヂカラオ**が隠れています。そして、石屋の前では、**アメノウズメが胸をあらわにして歌い踊り狂い**、それを見た八百万の神々は、声を上げて笑い転げました〔**右図**〕。

不思議に思ったアマテラスは、石屋の戸を少し開けて「私がこもったので、世界は暗く、ひっそりしたと思ったのに、なぜアメノウズメは歌い踊り、八百万の神々は笑っているの？」と聞きます。アメノウズメは「**あなたより尊い神様がいらしたので、うれしくて歌い踊っているのです**」と答え、石戸の隙間に、アメノコヤネとフトダマが鏡を差し入れます。アマテラスが鏡に映った自分の姿をもっとよく見ようと身を乗り出したとき、**アメノタヂカラオがアマテラスの手を取って引き出しました**。すぐにフトダマは、アマテラスの後ろにしめ縄を張って「**この縄から内に戻ることはできません**」と言います。こうして世界は光を取り戻し、明るくなったのです。

▶ 石屋の前に集まった 八百万の神々

アメノウズメが胸もあらわにして踊り狂ったため、八百万の神々は笑い転げ、その声は高天の原に鳴り響いた。

アメノタヂカラオ

タマノオヤが制作した 「八尺瓊の勾玉」

勾玉

榊
神意に従って、 天香具山に生えていた のを掘り起こしたもの

鏡
イシコリドメが 制作した「八咫の鏡」

フトダマ

アメノコヤネ

オモイカネ

アメノウズメ

常世の長鳴鳥

Q アマテラスのモデルは
邪馬台国の卑弥呼？

女神でありながら、太陽と世界の秩序を司るアマテラス。このイメージは、邪馬台国の卑弥呼と重なるといわれています。実際のところ、アマテラスは卑弥呼をモデルにしているのでしょうか？

卑弥呼　　　　　アマテラス

『古事記』において、**アマテラスは天皇家の祖先神（皇祖神）とされ、太陽神として描かれています**。古代の朝廷では、日照時間が１年で最も短くなる冬至の時期に、天皇の魂（生命）の活性化を願う**「鎮魂祭」**を行っていました。つまり**「天の石屋伝説」**は、冬至が象徴する**「太陽の復活」**を神話化したものなのです。

太陽と世界の秩序を司る女神アマテラスは、『古事記』の最高神であり、結婚することなく、宗教的な権威を保っています。そのイメージは、**日本に関する最古の文献史料である『魏志倭人伝』に記された邪馬台国の女王・卑弥呼に重なります**〔右図〕。卑弥呼は、呪術的な力で邪馬台国を治めた巫女（神に仕える女性）です。それでは、アマテラスのモデルは卑弥呼なのでしょうか？

『古事記』に卑弥呼に関する記述はありませんが、『日本書紀』には、『魏志倭人伝』の「倭の女王が難升米を遣わす」という記事が引用されています。**『日本書紀』の編者は、『魏志倭人伝』を読んでいたのです。**当然、『古事記』の編者も、卑弥呼の存在を知っていたと思われます。ただ、神話の内容に整合性が取れなくなってしまうので、卑弥呼の存在をあえて書かなかったのでしょう。

最高神が女性という神話は、世界的にめずらしいとされます。アマテラスと卑弥呼の関係は想像するしかありませんが、古代日本人が巫女に神秘的な力を感じていたのはまちがいないでしょう。

アマテラスと卑弥呼の共通点

- ◆ 女性である
- ◆ 宗教的権威がある
- ◆ 最高の地位にいる
- ◆ 結婚していない
- ◆ 弟がいる
- ◆ 鏡との関連が強い

アマテラス

【鏡】
三種の神器のひとつ「八咫の鏡」を持つ

【弟】
スサノオ

卑弥呼

【鏡】
魏から銅鏡を100枚贈られた

【弟】
人々に占いの結果を伝える

〔上巻〕天地創造と神々の誕生 **1**章

12 スサノオのおかげで地上に穀物が生まれた?

スサノオが**穀物の神を殺害**。その**亡骸**(なきがら)から
稲や**粟**(あわ)、**麦**(むぎ)、**小豆**(あずき)、**大豆**(まめ)の**五穀**(ごこく)が生まれた!

　世界が闇に包まれた、「**天の石屋**(あまのいわや)」の大騒動を引き起こしたスサノオ。その後、どうなったでしょうか?

　八百万(やおよろず)の神々は会議を開き、スサノオに罰を与えることを決めました。スサノオは、**数多くの償いの品物を求められ、また伸びた髭**(ひげ)**と手足の爪を切られ、高天の原**(たかあまのはら)**から追放**されてしまいます。

　こうして天から地上に降りたスサノオでしたが、その道中で穀物の神・**オオゲツヒメ**(➡P32)に食べ物を求めます。そこでオオゲツヒメは、鼻や口、尻などから、さまざまなおいしい食べ物を取り出して、それを調理してスサノオに差し出しました。ところが、この様子をこっそり見ていたスサノオは、**「汚れた食べ物を食べさせる気だな」**(けが)と怒り、オオゲツヒメを殺してしまうのです〔**図1**〕。

　すると、**オオゲツヒメの亡骸**(なきがら)**から、さまざまなものが生まれました**。頭からは**蚕**(かいこ)が生まれ、目からは**稲**（種籾(たねもみ)）が生まれ、耳からは**粟**が生まれ、鼻からは**小豆**が生まれ、陰部からは**麦**が生まれ、尻からは**大豆**が生まれたのです〔**図2**〕。

　それを天から見ていた**カムムスヒ**(➡P28)は、これらをスサノオに回収させて実のなる種とし、改めて授けました。こうして、**五穀の種は、スサノオによって地上にもたらされた**のです。

地上に穀物をもたらすスサノオ

▶ オオゲツヒメを殺害するスサノオ〔図1〕

天を追放されたスサノオは、その道中でオオゲツヒメに食べ物を求める。

「天の石屋」事件の責任を問われたスサノオは、髭や爪を切られて、高天の原を追放された。

スサノオはオオゲツヒメのもとを訪れたが、口や鼻、尻から食べ物を出されたので、怒って殺害する。

▶ 亡骸から生じた五穀〔図2〕

オオゲツヒメの殺害は、穀物を収穫するときに鎌で刈り取ることや、種まきによる穀物の再生産を象徴していると考えられている。

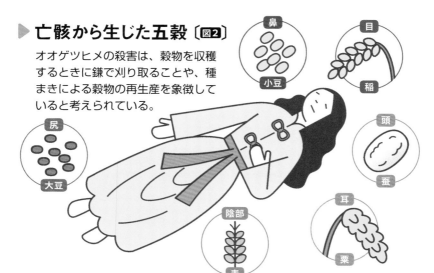

鼻 小豆

目 稲

頭 蚕

尻 大豆

耳 粟

陰部 麦

13 怪物退治は結婚のため？「ヤマタノオロチ」伝説

 なるほど！ 食べられる運命の娘を救って結婚するため、スサノオは**打倒ヤマタノオロチ**へ乗り出した！

天から追放されたスサノオは、**地上で巨大な蛇の怪物を退治します**。有名な**ヤマタノオロチ伝説**です。どんな神話でしょうか？

スサノオが**出雲**（現在の島根県東部）の**肥の河**（斐伊川）上流の**鳥髪**という場所に降り立つと、川に箸が流れてきました。「人が住んでいるな」と思ったスサノオが上流を目指して進んでいくと、老夫婦が娘といっしょに泣いています〔**図1**〕。

スサノオが「おまえたちは誰だ」と問うと、老人は「私はオオヤマツミ（➡P32）の子で、**名をアシナヅチ、妻の名はテナヅチ、娘の名はクシナダヒメと申します**」と答えます。スサノオが泣いている理由を聞くと、アシナヅチは「私には八人の娘がいましたが、ヤマタノオロチが毎年襲ってきて、ひとりずつ食べてしまいました。今年も襲ってくる時期になったので泣いているのです」と答えます。

そして、「ヤマタノオロチは、**頭と尾が八つあり、目は赤く、巨大な体にヒノキやスギが生え、その長さは谷八つ山八つに及び、腹は血にただれている**」と言います〔**図2**〕。

ここで、スサノオは唐突に、「**おまえの娘を私にくれないか。私はアマテラスの弟のスサノオだ。今、天から降りてきたところだ**」と言い、ヤマタノオロチを倒すことを約束したのです。

怪物との対決を決意する

▶ 老夫婦と娘に出会うスサノオ 〔図1〕

アシナヅチ、テナヅチの「ナヅ」は、撫でるという意味で、娘を手足で撫でるように育てたことを表す（別の説もある）。

スサノオ

なぜ、泣いている？

テナヅチ

クシナダヒメ

肥の河

アシナヅチ

スサノオは、肥の河の上流で泣いている娘に出会い、ヤマタノオロチを退治すると宣言する。

▶ 巨大なヤマタノオロチ 〔図2〕

ヤマタは八つに分かれることを表し、オロチのオは尾、ロは助詞で、チは霊的威力を表す。

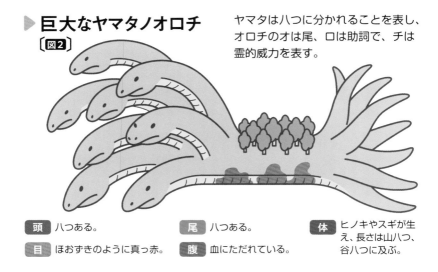

頭 八つある。

目 ほおずきのように真っ赤。

尾 八つある。

腹 血にただれている。

体 ヒノキやスギが生え、長さは山八つ、谷八つに及ぶ。

053

〔上巻〕天地創造と神々の誕生　**1**章

14 ヤマタノオロチは どうやって倒された?

なるほど! 強い酒でヤマタノオロチを**酔いつぶした後**に、**十拳の剣**で長い体を切り刻んで勝利した!

打倒ヤマタノオロチを決意したスサノオ。しかし、相手は巨大な強敵です。どのような手段で立ち向かったのでしょうか?

まず、スサノオは**クシナダヒメの姿を櫛に変えて自分の髪に差し、**姫の身の安全を確保します。そして、老夫婦に「垣をめぐらせて八つの門をつくり、その門ごとに八つの棚をつくり、そこに**強い酒の入った八つの酒槽を置け**」と命じます。

老夫婦が、言われたとおりに準備をして待ち構えていると、ヤマタノオロチが現れます。そして、八つの頭を酒槽にひとつずつ入れて酒を飲むと、酔いつぶれて寝てしまいます。

スサノオは腰に帯びた十拳の剣を抜いて、ヤマタノオロチを切り刻んでいきました〔図1〕。そして、オロチの尾を切ったとき、なぜか剣の刃が欠けてしまいます。不審に思って尾の身を切り裂くと、みごとな剣が現れました。これを大事な剣だと考えたスサノオは、アマテラスに献上します。これが、三種の神器のひとつ**「草薙の剣」**(➡P100)です。

ヤマタノオロチを倒したスサノオは、クシナダヒメと住む土地を探しました。そして、須賀の地に来たとき**「この地で、気分がすがすがしくなった」**と言い、宮殿を建設し、結婚したのです〔図2〕。

酒を利用した作戦で勝利する

▶ ヤマタノオロチに切りかかるスサノオ〔図1〕

スサノオは、酒を飲んで酔いつぶれたヤマタノオロチを剣で切り刻んだ。

ヤマタノオロチの血で、肥の河は赤く染まったという。

▶ 歌を詠むスサノオ〔図2〕

須賀に宮殿を建てたとき、雲がわき起こったのを見て、スサノオは歌を詠んだ。これが日本最初の歌とされる。

八雲立つ　出雲八重垣　妻籠みに
八重垣作る　その八重垣を

（わき上がる雲が、妻を籠らせるために八重の
垣をつくってめぐらせることよ、そのすばらしい
八重垣よ）

ゆかりの神社 2

須我神社
【島根県雲南市】

スサノオが築いた宮殿「日本初之宮」を発祥とし、スサノオやクシナダヒメなどをまつる。

「ヤマタノオロチの正体＝川」という説を検証！

　『古事記』に登場するヤマタノオロチ。実は、この正体が「川」であるとする説があります。この説を検証してみましょう。

　『古事記』の中で、**ヤマタノオロチは異様なほど巨大**に描かれています。アシナヅチの説明によると、「目はホオズキのように赤く、ひとつの体に八つの頭と尾があり、体には日陰蔓（シダ）やヒノキ、スギの木が生えていて、**その長さは谷を八つ、山を八つも渡るほど**で、その腹は常に血でただれている」とされており、**ヒノキやスギ**

が生えていることから、**山が関係している**と考えられます。

　また、アシナヅチは「高志のヤマタノオロチが毎年襲ってきて、娘たちを食べる」と説明しています。高志とは、斐伊川の下流に位置する「古志郷」のことで、**毎年襲ってくるのは「川の氾濫」のこと**。また、「八つの頭と尾」は斐伊川の支流をイメージしたものと、それぞれ考えられます。つまり、「食べられた娘たち」は、川の神の妻となるべく**生贄にされた女性たちのこと**と考えられるのです。

　スサノオが救ったクシナダヒメは、『日本書紀』では、**「奇稲田姫（霊妙な稲田の女神）」**と記されていることから、ヤマタノオロチの神話は、**治水技術をもつスサノオが川の氾濫を防いで、稲田を守ったこと**を意味していると言えます。また、ヤマタノオロチの尾から**草薙の剣**が発見されたのは、斐伊川の上流が、たたら製鉄で使われる砂鉄の産地だったことと関係しているという説もあります。

出雲地方の地図　出雲地方の中心部を流れる斐伊川は、出雲の人々の生活に欠かせない重要な川であった。

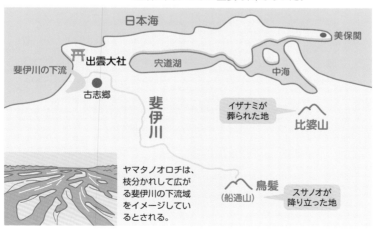

日本海

美保関

出雲大社

宍道湖

中海

斐伊川の下流

古志郷

斐伊川

イザナミが葬られた地

比婆山

ヤマタノオロチは、枝分かれして広がる斐伊川の下流域をイメージしているとされる。

鳥髪
（船通山）

スサノオが降り立った地

【上巻】天地創造と神々の誕生　**1**章

15 自業自得の兎の神?「因幡の白兎」の話

鮫をだました兎は皮をはがれ、さらに八十神に苦しめられるが、オオアナムチに救われる!

クシナダヒメと結婚したスサノオは、出雲に築いた宮殿で暮らしはじめ、神を生みました。**その子孫のひとりが、出雲神話の主人公となるオオアナムチ**です〔**図1**〕。『古事記』では、ここからオオアナムチの冒険物語が続きますが、その最初が**「因幡の白兎」**です。

オオアナムチには、**八十神**と呼ばれる数多くの兄たちがいました。この八十神が、**ヤガミヒメ**に求婚するため**因幡**（現在の鳥取県）に向かうとき、荷物を入れた大きな袋をオオアナムチに持たせて、まるで下僕のように同行させていました。

その途中、気多の岬で**皮をはがれて丸裸になっている兎**が倒れていました。それを見た八十神は、兎に「海水で体を洗い、高い山の頂上で風に吹かれるとよくなるぞ」と教えます。しかし、兎がそのとおりにすると、風で海水が乾くにつれて、皮膚がひび割れて激痛が走ります。兎が泣き苦しんでいると、八十神の最後についてきたオオアナムチが通りかかりました〔➡P60**図2**〕。

オオアナムチから**「なぜ泣いているの」**と問われた兎は、説明をはじめました。それは、次のような話でした。

淤岐島にいて、因幡に渡りたかった兎は、鮫を利用しようと考えます〔➡P60**図3**〕。そして鮫に向かって「私の一族と、おまえの

▶ オオアナムヂの系譜 〔図1〕

オオアナムヂは、スサノオの6代目の孫にあたる。

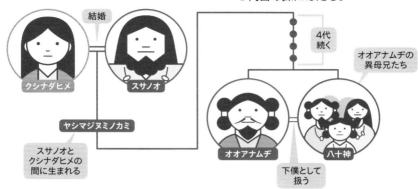

結婚

クシナダヒメ

スサノオ

ヤシマジヌミノカミ

スサノオと
クシナダヒメの
間に生まれる

4代
続く

オオアナムヂの
異母兄たち

オオアナムヂ

八十神

下僕として
扱う

一族を比べて、どちらが多いか数えよう。**おまえたちは全員集まって、この島から気多の岬まで一列に並んで伏してください**。私がその上を踏んで走りながら数えます。これで、どちらが多いかわかるでしょう」と言いました。だまされた鮫は、言われたとおり海に並びます。兎はその上を踏んで数えながら海を渡っていきました。

しかし、海岸に到着する寸前、兎は**「おまえらは私にだまされたのだよ」**と、思わず自分でばらしてしまいます。すると、最後に並んでいた鮫に捕まり、皮をはがれてしまったのです〔➡ P61 図4〕。

こうして兎は裸で苦しんでいたのですが、**さらに八十神にだまされて全身が傷だらけになり、激痛で泣き伏せていた**のでした。オオアナムヂは、「すぐ川に行って真水で体を洗い、蒲の穂の花粉をまき散らし、その上に寝転がれば治るだろう」と教えます。兎がそのとおりにすると、すぐさま回復します。喜んだ兎は、**「ヤガミヒメと結婚するのは、あなた様です」**と予言します〔➡ P61 図5〕。**この「因幡の白兎」と呼ばれている兎は、実は神だった**のです。

白兎の苦難から回復まで

▶ 丸裸の兎をだます八十神〔図2〕

「八十」とは、数が多いという意味。『古事記』では、オオアナムヂに対抗する兄神達として語られる。

皮をはがれた兎は、八十神から「塩水を浴びて、風で乾かすと治る」と教えられ、そのとおりにするが、傷は悪化する。

泣き苦しむ兎のもとを通りかかったオオアナムヂは、「なぜ泣いている」と理由をたずねる。

▶ 淤岐島の位置〔図3〕

淤岐島は現在の隠岐島と思われる。また、白兎海岸から約150m沖合にある「沖の島」と呼ばれる岩だとする説もある。

隠岐島
日本海
淤岐島は隠岐島と考えられている
約100km
白兎海岸
沖の島と呼ばれる岩がある
鳥取県
気多の岬（鳥取市）
島根県

ゆかりの神社 ③

白兎神社
【鳥取県鳥取市】
白兎が真水で体を洗ったとされる地に建ち、白兎神をまつる。

▶ 鮫をだまして海を渡る兎〔図4〕

兎は海を渡るために、「一族の数くらべをしよう」と、鮫を呼び集めた。

兎は、だまして海に一列に並ばせた鮫の上を踏んで、走りながら数えて渡った。

渡り切る寸前、兎は自分でたくらみをばらし、最後に並ぶ鮫に捕まり、皮をはがれる。

▶ 兎神だった「因幡の白兎」〔図5〕

古代において、医療者は崇拝されていた。兎を治療したオオアナムヂは、医療の神だったことを物語っている。

オオアナムヂの治療法で回復した兎の正体は神だった。なお、「白兎」は原文では「素菟」と表記されていて、「白い兎」ではなく「裸の兎」を意味するという説もある。

〔上巻〕天地創造と神々の誕生　**1**章

16 オオアナムヂは兄たちに 2回も殺された？

 ヤガミヒメとの結婚をめぐって**八十神に恨まれ、 2回も殺された**が、**2回とも生き返った！**

　兎神の予言を知らない八十神は、ヤガミヒメに結婚を申しこみます。しかし、**ヤガミヒメは八十神を拒絶し「私はオオアナムヂと結婚します」と宣言**したのです。激怒した八十神は、オオアナムヂを殺そうとしました。

　八十神は、伯耆国（鳥取県西部）の**手間山**（要害山）のふもとに来たとき、オオアナムヂを呼び出し**「この山にいる赤い猪を我々が上から追い落とすから、おまえは下で捕えよ」**と命じ、猪に似た形の岩を真っ赤に焼いて突き落としました。岩を受け止めたオオアナムヂは、大火傷を負って死んでしまいます。

　これを悲しんだオオアナムヂの母神は、天に上って**カムムスヒ**（➡P28）に相談します。カムムスヒが**ふたりの貝の女神**を派遣すると、オオアナムヂは生き返りました。それを見た八十神は、オオアナムヂを大木の割れ目にはさみ、また殺害します〔**図1**〕。

　再びオオアナムヂを生き返らせた母神は、今度はオオアナムヂを**木国**（現在の和歌山県）の**オオヤビコ**のもとへ逃がします。八十神はしつこく追いかけてきましたが、オオヤビコはオオアナムヂを逃がし**「スサノオのいる根の堅州国に行きなさい。名案を考えてくれるはず」**と助言しました〔**図2**〕。

兄たちに深く恨まれたオオアナムヂ

▶ オオアナムヂは二度殺される〔図1〕

オオアナムヂは八十神に二度殺されたが、母神によって二度生き返った。

1回目

八十神

手間山

焼けた岩を赤い猪だといつわって山から落とされて殺された。

2回目

大木の割れ目に押しこまれた後、楔を引き抜かれて殺された。

▶ オオアナムヂを逃がすオオヤビコ〔図2〕

オオアナムヂを生き返らせた母神は、木国のオオヤビコのもとに逃がした。

オオヤビコ

八十神は木国まで追ってきたが、オオヤビコはオオアナムヂを根の堅州国へ逃がした。

オオアナムヂの逃走路

伯耆　　因幡
出雲　手間山

根の堅州国　　　木国

出雲と木国の距離は遠いが、古代は海上交通により密接な関係があったと考えられる。根の堅州国の場所は不明。

17 スサノオの娘と結婚した オオアナムヂの運命は?

オオアナムヂは**スサノオの娘と結婚**するが、いやがらせのような**厳しい試練を与えられる**!

オオヤビコの助言に従って、**根の堅州国に向かったオオアナムヂ**。根の国にたどり着いたオオアナムヂは、**スセリビメという娘に出会います**〔**図1**〕。スセリビメはスサノオの娘でした。ふたりは目が合った瞬間に恋に落ち、すぐさま結婚します。

妻となったスセリビメは夫のオオアナムヂを連れて家に帰り、**「すてきな神がいらっしゃいました」**と、父スサノオに紹介しました。すると、スサノオは**「こいつはアシハラシコオノカミ（地上である葦原にいる勇猛な神）だ」**と勝手に命名します。そして、オオアナムヂを家の中に招き入れると、蛇がうようよいる部屋に寝かせたのです。

スセリビメは、夫の危機を救うため、呪力をもつ布を渡しながら**「蛇が食いつこうとしたら、この布を三度振って追い払ってください」**と教えます。言われたとおりにすると蛇はしずまり、オオアナムヂは安心して寝ることができ、翌朝、無事に蛇の部屋から出ることができました〔**図2**〕。

次の晩は、オオアナムヂは**ムカデと蜂のいる部屋**に寝かされますが、このときも、スセリビメが渡してくれた呪力をもつ布によって無事でした。

かんたんに結婚を認めないスサノオ

▶ スセリビメと出会うオオアナムヂ〔図1〕

オオアナムヂとスセリビメは、お互いに目を合わせただけで恋に落ちて結婚した。

古代の結婚では、親の許しが必要であったが、スセリビメは父スサノオの許可なく自分の意思で結婚し、その後も夫を助け続ける。スセリビメの積極性は、『古事記』に登場する女性に時折見られる。

スセリビメ
オオアナムヂ

▶ オオアナムヂに与えられた試練〔図2〕

スサノオの試練は、娘との結婚を認めるための通過儀礼と考えられる。

蛇のいる部屋

スセリビメから渡された呪力をもつ布を三度振って、蛇をしずめた。

ムカデと蜂のいる部屋

スセリビメから渡された呪力をもつ布で、ムカデと蜂をしずめた。

18 スサノオの終わらない試練からどう逃れた?

なるほど! 鼠やスセリビメの助けを借りて試練を乗り越え、最後には、妻を連れて根の国から逃げ出した!

スサノオは、さらにオオアナムヂに試練を与えます。その試練は**「火攻め」**でした。スサノオは矢を野原に向けて放ち、オオアナムヂに拾うように命じます。そして、**探しに入ったところで火を放った**のです。オオアナムヂは窮地におちいりますが、**鼠が教えてくれた洞穴**に隠れて難を逃れます〔**図1**〕。

家に戻ったスサノオは、オオアナムヂに**「頭のシラミを取ってくれ」**と命じますが、頭にいたのはムカデでした。しかし、これもスセリビメの機転で助けてもらいます。

根の国にいる限り試練が続くと考えたオオアナムヂは、寝ているスサノオの髪を垂木（屋根を固定する木材）に結びつけ、巨大な岩で家の扉をふさぎました。そして、**スサノオが所有する刀や弓、琴などを持ち出し、スセリビメを背負って逃げ出した**のです。

目を覚ましたスサノオはオオアナムヂを追います。そして、**黄泉比良坂**まできたとき、オオアナムヂに向かって「おまえが持ち出した刀と弓で八十神を追い払い、そして今からは**オオクニヌシ**と名乗り、スセリビメを正妻として、**宇迦能山**（島根県出雲市）のふもとに宮殿を建てて暮らせ」と叫び、祝福しました。スサノオは、オオアナムヂが試練を乗り越えたと認めたのです〔**図2**〕。

試練を乗り越えるオオアナムヂ

▶火攻めから逃れるオオアナムヂ〔図1〕

火攻めが終わったとき、スセリビメもスサノオもオオアナムヂは死んだと考えていた。

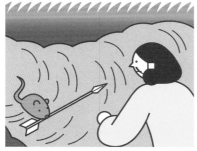

野原での火攻め

鼠が教えてくれた地下の洞穴に隠れて、迫りくる火から逃れた。矢は鼠がくわえて持ってきてくれた。

ゆかりの神社 4

八坂神社
【京都府京都市】

スサノオをまつる神社。古来、スサノオは疫病をもたらす祇園大明神とされ、これをしずめるために祇園祭がはじめられた。

▶祝福されるオオアナムヂ〔図2〕

スサノオは、最終的にオオアナムヂが試練を乗り越えたと考えて、娘との結婚を認めた。「大国主神（偉大なる国の主神）」の名を与え、地上の王となるように激励した。

> 葦原中国を治めてオオクニヌシと名乗れ！

Q スサノオは善神なの？ それとも悪神なの？

アマテラスを散々困らせ、オオアナムヂに過酷な試練を課したか
と思えば、ヤマタノオロチを退治し、最後にはオオアナムヂを祝
福する…。スサノオは、善い神なのか、悪い神なのか、どちら
なのでしょうか？

父イザナキから海原の統治を命じられたスサノオは**「亡き母のい
る根の堅州国に行きたい」**と泣きわめき、海や山を枯らします。海
原を追放されたスサノオは、天に上るとき国土を振動させます。ス
サノオが**何らかの行動をするとき、良くも悪くも桁外れのパワーに
よって周囲に影響を与えてしまう**のです〔右図〕。

天から追放されたスサノオは、地上でヤマタノオロチを退治します が、これも「**人々を救うため**」というより、「**クシナダヒメと結婚したいため**」**という動機**に見えます。

　このように、『古事記』のスサノオは基本的には**いつも無邪気に行動し、移動した世界の秩序を破壊していく存在**として描かれています。善い神か悪い神かという分け方は難しいですが、悪意をもった存在ではないということができるのではないでしょうか。

　ちなみに、奈良時代に起源をもつ**「神仏習合」**（神道と仏教の同化）の影響で、スサノオは釈迦の説法地である**「祇園精舎」**を守護する仏教神**「牛頭天王」**と同一視され、**「祇園神」「祇園大明神」**と呼ばれるようになります。スサノオも牛頭天王も、疫病を流行させる**「祟り神」**ですが、正しくまつれば、疫病をしずめる力を発揮してくれるとされます。疫病退散を願って、9世紀に京都ではじめられたのが、**「祇園祭」**です。祇園祭からは、「善い神」「悪い神」というスサノオの二面性を垣間見ることができるのです。

　スサノオの二面性　スサノオには、善神と悪神の二面性が備わっている。

善神　ヤマタノオロチを退治する。

高天の原で暴れ回る。　**悪神**

試練を乗り越えたオオアナムヂを祝福。

海や川の水が枯れるほど泣きわめく。

19 オオクニヌシは多妻で 正妻の嫉妬がすごかった?

なるほど! ほかの妻に**スセリビメは嫉妬**したが、 最後には**オオクニヌシの愛情を取り戻した**!

地上に戻ったオオアナムヂは**オオクニヌシ**と名を改めた後、**スサノオに与えられた刀と弓で八十神を追い払って国づくりを開始**。そして、スセリビメを正妻に迎えます〔**図1**〕。また、約束どおりオオクニヌシは因幡で**ヤガミヒメ**と結婚し、出雲に連れてきました。しかし、ヤガミヒメは正妻のスセリビメの嫉妬を恐れて、生まれた子を置いて因幡に帰ってしまいます。

ところで、**オオクニヌシには五つの別名があり、「ヤチホコ」という名もありました**（➡P72）。ヤチホコの名でも、オオクニヌシは結婚しています。ヤチホコは、高志（現在の北陸地方）に住む**ヌナカワヒメ**の家の前で「きれいな娘がいると聞き、妻にしようと思って旅に出た」と歌います。ヌナカワヒメは**「明日の夜、いっしょに寝ることになるでしょうから、恋焦がれないで」**と歌で返事をします。そして翌日、ふたりは契りを結んだのでした。

ほかにも、オオクニヌシは各地の女性と結婚〔**図1**〕。正妻のスセリビメの嫉妬は激しさを増します。困惑したオオクニヌシは、大和国（現在の奈良県）に旅立とうとします。そこにスセリビメが現れ、**歌を詠みます**〔**図2**〕。心を打たれたオオクニヌシは、スセリビメへの愛情を取り戻し、出雲に長く留まるようになったのです。

複雑なオオクニヌシの女性関係

▶ オオクニヌシの6人の妻〔図1〕

オオクニヌシには、正妻スセリビメを含めて、6人の妻がいた。

スセリビメ
スサノオの娘で正妻。嫉妬深い性格。

ヤガミヒメ
白兎から結婚を予言されて妻になるが、因幡に帰る。

ヌナカワヒメ
北陸に住む女性で、歌を詠み交わして結婚する。

タキリビメ
スサノオが誓約で生んだ女神で宗像三女神の長女。

カムヤタテヒメ
国譲りに登場するコトシロヌシ（⇒P78）の母。

トトリノカミ
トリナルミノカミの母。鳥は人の霊魂を運ぶとされた。

▶ 夫を引き留めるスセリビメ〔図2〕

オオクニヌシが大和へ旅立つ直前に歌を詠むと、スセリビメは歌で返事をする。この歌をきっかけに、ふたりの絆が強まる。

私が旅立てば、あなたはうなだれて泣くだろう

オオクニヌシ

私は女だから、あなた以外に夫はいません。私の白い腕や雪のような胸をなでて、いっしょに寝ましょう

スセリビメ

Q なぜオオクニヌシには 名前がたくさんある?

オオクニヌシには「ヤチホコ」をはじめ、五つもの別名があります。
なぜ五つも別名があるのでしょうか? また、それぞれにどんな
意味があるのでしょうか?

『古事記』では、ある神を紹介した後に、別名が記されることがあ
ります。別名の神は、もともと別の神として信仰されていたもので、
オオクニヌシも複数の神を統合した存在だと考えられます。

オオクニヌシは、「因幡の白兎」伝説に**「大穴牟遅神」**として最
初に登場します。この神名は**「偉大なる大地の神」**という意味で、

もともと出雲で信仰されていた神だと考えられます。そして、オオアナムヂは根の国で出会ったスサノオから「こいつは葦原色許男神だ」と呼ばれます。この神名は「地上（葦原）の勇猛な神」という意味なのですが、相手を少し見下げるニュアンスが含まれています。つまり、**天上（皇室）は地上（出雲）を、一段低く見ていたことがうかがえる**のです。

　そして、試練を乗り越えたオオアナムヂは、スサノオから「**大国主神（偉大なる国の主神）**」の名を与えられますが、このとき同時に「**宇都志国玉神**」という名も授かります。「うつし」とは「現実」のことなので、「**大国（神話的国土）の主だけでなく、宇都志国（現実的国土）の主にもなれ**」という意味がこめられているのだと思われます。

　また、オオクニヌシがヌナカワヒメに求婚するとき、突然、「**八千矛神**」と名乗りますが、これは、**もともとの歌に「ヤチホコ」の名が使われていたため**だと考えられています。

オオクニヌシの五つの別名

大穴牟遅神（オオアナムヂノカミ）
意味　偉大なる大地の神。
意味　出雲の神であることを示す。

葦原色許男神（アシハラシコオノカミ）
意味　地上（葦原）の勇猛な神。
意味　地上が天上より一段低いことを示す。

大国主神（オオクニヌシノカミ）
意味　偉大なる国の主神。
意味　五つの別名の神を統合する存在。

宇都志国玉神（ウツシクニタマノカミ）
意味　現実的国土の主神。
意味　現実世界の王であることを示す。

八千矛神（ヤチホコノカミ）
意味　多くの矛（武器）をもつ武神。
意味　ヌナカワヒメと歌を交わすときの名。

【上巻】天地創造と神々の誕生　**1章**

20 オオクニヌシの国づくり。協力者はいたの？

なるほど！ 小舟に乗ってきた小さな神・**スクナビコ**と、海を照らしやってきた**オオモノヌシ**が協力！

オオクニヌシの国づくりには、協力者がいました。オオクニヌシが**美保の岬**（島根県美保崎）にいたとき、海の向こうから**ガガイモ**※**の小舟に乗り、蛾の皮の服を着た小さな神**がやってきました。オオクニヌシが名をたずねても、その小さな神は答えません。すると**ヒキガエル**が現れ、**「案山子のクエビコならば知っているはず」**と教えるので、クエビコを呼んでたずねてみると**「この神はカムムスヒ（➡P28）の子、スクナビコナです」**と答えました〔**図1**〕。

そこで、カムムスヒにたずねると「確かに私の子だ。私の手の指の間からこぼれ落ちた子である」と言い、**「この子と兄弟になり、国をつくりなさい」**と命じました。こうして、兄弟神は協力して国づくりに励みました。しかし、あるとき突然、スクナビコナは海の彼方にある**常世の国**（➡P21）に去ってしまいます。

「私ひとりで、どうやって国をつくればよいのか…」と、オオクニヌシが嘆いていると、**海を照らしながら近寄ってくる神**がいました。その神は**「大和（現在の奈良県）を囲む山々の、その東の山の頂きに私をまつるなら、いっしょに国づくりをしよう」**と語りかけます。そこでオオクニヌシは、この神を**御諸山（三輪山）**にまつったのです。この神は**オオモノヌシ**（➡P122）でした〔**図2**〕。

※多年生の蔓草（つるくさ）で、実の鞘（さや）が舟の形をしている。

国づくりに協力した二神

▶ スクナビコナとの出会い〔図1〕

スクナビコナの正体がヒキガエルや案山子に明らかにされることから、スクナビコナは農業や開墾などに協力したことがわかる。

案山子の
クエビコなら
その神を知って
いるでしょう

オオクニヌシ

スクナビコナ

その神は
スクナビコナです

クエビコ

タニグク（ヒキガエル）

▶ オオモノヌシの出現〔図2〕

海を照らしながら近寄ってきたオオモノヌシは、自分から名乗ることなく、自分をまつるように求めた。

オオモノヌシ

オオクニヌシ

ゆかりの神社 **5**

大神神社
【奈良県桜井市】

三輪山にあり、オオモノヌシをまつる。原始神道の形式を残す日本最古の神社とされる。

21 アマテラスが地上を奪おうとした?

なるほど! アマテラスは**オオクニヌシの国の繁栄**を見て、「**自分の子が治めるべき**」と考えた!

天から繁栄する地上の国を見たアマテラスは、「**豊葦原の水穂国（葦のように稲が成長する国）は、私の子が治めるべき**」と宣言し、自身の子らを地上に派遣しはじめます。しかし派遣された**アメノオシホミミ**（➡P43）は、**天の浮橋**に降り立って地上を眺め「ひどく騒がしい」と言って、天に戻ってしまいます〔**図1**〕。

そこで、アマテラスとタカミムスヒ（➡P28）は、八百万の神々を集めて**天の安河原**で会議を開き、**オモイカネ**（➡P44）に対応策を考えさせました。アマテラスが「**葦原中国は乱暴な神々で満ちている。どの神を遣わすべきだろう**」とたずねると、オモイカネは「**アメノホヒ**（➡P43）がいいでしょう」と推薦しました。

ところが、派遣されたアメノホヒは、オオクニヌシに手なずけられ、**三年経っても報告しません**。このため今度は、**アメノワカヒコ**に霊力を備えた弓矢を授けて地上に派遣しましたが、オオクニヌシの娘と結婚して、**八年経っても何も報告しませんでした**〔**図2**〕。

困ったアマテラスは地上の様子を探るため、**ナキメという雉を派遣します**。ところが、ナキメに報告しない理由を問いただされたアメノワカヒコは、ナキメを射殺します。この矢は天まで届きましたが、地上に投げ返され、アメノワカヒコの胸を貫いてしまいます。

失敗が続く使者の派遣

▶ 天の浮橋のアメノオシホミミ〔図1〕

アマテラスから地上に派遣されたアメノオシホミミは、荒れる地上を見て天に戻り、地上に降りられない理由をアマテラスに報告した。

天の浮橋

アメノオシホミミ

ひどく騒がしく荒れている…

「ひどく騒がしく荒れている」という言葉は、天上界と地上界の秩序に対する認識のズレを表している。

▶ 二度の派遣失敗〔図2〕

使者の派遣失敗は、ヤマト政権が出雲を支配下に置くために交渉を続けたが、失敗したことを物語っている。

一度目の失敗

アメノホヒ

オオクニヌシ

アメノホヒはオオクニヌシに手なずけられ、三年経っても連絡しなかった。

二度目の失敗

アメノワカヒコ

シタテルヒメ

アメノワカヒコはオオクニヌシの娘シタテルヒメと結婚し、八年間連絡しなかった。

22 武神の力で国を奪う？ タケミカヅチの派遣

なるほど！ アマテラスは**オオクニヌシの国を奪う**ために、**武神タケミカヅチ**を出雲に派遣した！

　失敗が続くアマテラスは「どの神を遣わせばいいだろう」と悩みます。そして、アマテラスはついに、**武神の派遣を決意**するのです。

　オモイカネらは、天の石屋にいる**イツノオハバリ**（➡P32）が適任だと考え、使者になってほしいと頼みます。しかし、イツノオハバリは辞退し、「私の子**タケミカヅチ**（➡P32）を遣わすのがよいでしょう」と提案しました。こうして、タケミカヅチは船の神**アメノトリフネ**（➡P32）とともに、地上に向かったのです。

　タケミカヅチは、出雲の**伊耶佐の小浜**に降り立ち、**十拳の剣**を抜いて波の上に逆さにして立て、その切先にあぐらをかいて座ります。そして、オオクニヌシに向かって「私はアマテラスの使いである。アマテラスは『**おまえが治めている葦原中国は、私の子が治めるべき**』と言っておられるが、おまえの考えはどうか」とたずねました〔**図1**〕。

　オオクニヌシは「私は答えられませんが、後を継いだ私の子**コトシロヌシ**が答えるでしょう。今、美保の岬に出かけています」と答えます。すると、**タケミカヅチはアメノトリフネを美保の岬に送り、コトシロヌシを連れてきました**。コトシロヌシは「この国を天の神に奉ります」と言うと、すぐさま姿を隠しました〔**図2**〕。

タケミカヅチとの対決

▶ 出雲に降り立つタケミカヅチ 〔図1〕

タケミカヅチは武力ではなく、言葉でオオクニヌシを従わせようとした。

タケミカヅチ

私の子
コトシロヌシが
答えるでしょう

オオクニヌシ

アマテラスは
「葦原中国は、
私の子が
治めるべき」と
言っておられる

伊耶佐の小浜
出雲大社の西方約
1 kmにある海岸
で、現在は稲佐の
浜と呼ばれる。

▶ 服従するコトシロヌシ 〔図2〕

コトシロヌシは宣託を司る神である
ため、オオクニヌシに代わって答え
たとされる。

この国を
差し上げ
ます

コトシロヌシ

コトシロヌシは国を献上すると伝えた直後、
舟をひっくり返して姿を隠した。

ゆかりの神社 6

鹿島神宮
【茨城県鹿嶋市】

タケミカヅチの霊剣に救われた神武
天皇が感謝をこめて、タケミカヅチ
をまつったのが創建とされる。

23 武神の力に抵抗できず？ オオクニヌシの「国譲り」

なるほど！ オオクニヌシの子が**タケミカヅチに敗北**。
オオクニヌシは抵抗をあきらめて**国を譲った**！

　コトシロヌシが抵抗せずに**タケミカヅチ**に従った後、**オオクニヌシ**は抵抗したでしょうか？　タケミカヅチから「ほかに意見のある子はいるか」と問われたオオクニヌシは**「タケミナカタという子がいます。ほかに子はいません」**と答えました。

　そこに、巨大な岩を片手に乗せたタケミナカタが現れ**「私の国に来て、こそこそ話をしているのは誰だ。力競べをしようじゃないか」**と言い、タケミカヅチの手をつかみました。すると、その手はたちまち**氷柱**に変化し、さらに**剣の刃**になります。タケミナカタは怖気づいて身を引きましたが、タケミカヅチに手をつかまれて投げ飛ばされます。タケミナカタは逃げ出しますが、タケミカヅチに追われ、**州羽の海**（諏訪湖）に追いつめられます。そして、「殺さないでください。**葦原中国**は奉ります」と降参しました〔**図1**〕。

　オオクニヌシは、出雲に戻ったタケミカヅチから「ふたりの子は従うと言っているが、そなたはどう思うか」と改めて問われ、ついに**「国譲り」**を決意します。このとき、**「高天の原に届くほど高々とそびえる宮殿を築いて私をまつってほしい」**と頼みました〔**図2**〕。

　こうして出雲に宮殿が築かれ、タケミカヅチは天に上ってアマテラスに地上を平定したことを報告したのです。

出雲を奪われるオオクニヌシ

▶ タケミナカタの抵抗 〔図1〕

国譲り神話は、基本的には言葉による交渉で進むが、タケミカヅチとタケミナカタの力競べは唯一の戦闘場面。敗れたタケミナカタは州羽の海まで追いつめられて降伏し、国を譲ることを申し出る。

怪力のタケミナカタはタケミカヅチに勝負を挑むが、一瞬で敗れる。

力競べをしよう

タケミカヅチ

タケミナカタ

▶ オオクニヌシの宮殿 〔図2〕

氷木(千木)

ゆかりの神社 7

諏訪大社

【長野県諏訪市（上社本宮）】
「この地を離れない」と誓って、命乞いをしたタケミナカタをまつる神社。御柱祭の神事で知られ、4か所の境内地をもつ。

オオクニヌシは国を譲って隠退する代わりに「深い岩の上に太い柱を立て、天に届くほど氷木をそびえさせた宮殿をつくってほしい」と頼んだ。これが出雲大社（➡ P82）の起源とされる。

古代の超高層建築
「出雲大社」のしくみ

オオクニヌシは国譲りのとき、**「天に届くほど高い宮殿」**を要求しました。こうして建てられた宮殿が、**出雲大社**（島根県出雲市）の起源とされます。実際、どれくらいの高さだったのでしょうか？

現在の出雲大社本殿は、江戸時代中期の造営で、高さは24mあります。これでも迫力十分な巨大建築ですが、**社伝では、出雲大社本殿の高さは、古代には96mあり、その後48mになった**というのです。平安時代の教養本である『口遊』には、当時の高層建築物

は「**出雲大社が一位、東大寺大仏殿が二位、平安京大極殿が三位**」と書かれています。当時の大仏殿の高さは45mなので、出雲大社本殿の高さが48mあってもおかしくありません。

この伝承は信憑性が疑われていましたが、2000年の調査で、出雲大社の境内から、**直径1.3mの杉材を3本束ねた柱跡**が発掘され、48mの本殿が実在したことが裏づけられたのです〔**下図**〕。古代に96mの宮殿が存在したかどうかはわかりませんが、出雲に巨大な建築物があったことは、まちがいないでしょう。

出雲を舞台にした神話は、『**古事記**』の神話全体の分量の**4割を超えて**いて、ヤマト政権が出雲に敬意を払っていたことがわかります。また、日本の旧暦十月は、神々が出雲へ出かけるため「**神無月**」と呼ばれますが、**出雲では全国の神々が集まるため「神在月」と呼ばれます**。出雲は、古くから特別扱いをされてきたのです。

出雲大社本殿の復元図

高さ48mの本殿を想定した復元図。本殿は、日本最古の神社建築様式の「大社造」によるもので、海岸近くに建っていた。本殿からのびる引橋（階段）の長さは109mにも及ぶ。

本殿

引橋

〔上巻〕天地創造と神々の誕生　**1**章

24 誰が地上を治めたの？ 「天孫降臨」の流れ

なるほど！ アマテラスの孫（天孫）である**ニニギ**が
地上の統治を命じられ、**神々を連れて降臨！**

「国譲り」の報告を受けたアマテラスは、子のアメノオシホミミに**「葦原中国が平定されました。最初に決めたとおり、地上に降りて治めなさい」**と命じます。ところが、アメノオシホミミは「地上に降りる準備をしている間に子が生まれました。名を**ニニギ**といいます。この子を地上に降ろしましょう」と答え、**地上に降りるのはニニギに決まりました。**アマテラスはニニギに**八咫の鏡**と**八尺瓊の勾玉**と**草薙の剣**を授けて、「この鏡を私だと思って大切にまつりなさい」と命じました〔**図1**〕。

こうしてニニギは、**天の石屋**（→P46）で活躍した神々をおともに選び、地上に向けて出発しました。その途中、天から地に降りる道の分岐点である**「天の八衢」**に、天上と地上を照らす神がいました。アメノウズメがその神のもとに行き、名をたずねると**「私は国つ神（土着の神）のサルタビコと申します。先導役を務めるため、お迎えにお待ちしておりました」**と答えました。

こうして、サルタビコを加えたニニギ一行は雲を押し分けて進み、**筑紫（九州）の日向の高千穂の久士布流岳に降臨**しました（**天孫降臨**）〔**図2**〕。ニニギは「ここは**朝日**がまっすぐに射し、**夕陽**が輝き渡るすばらしい国だ」と言い、この地に壮大な**宮殿**を築いたのです。

地上に降臨する神々

▶ 三種の神器を授けるアマテラス〔図1〕

アマテラスがニニギに授けた八咫の鏡、八尺瓊の勾玉、草薙の剣は、三種の神器（➡ P100）として、皇室に受け継がれている。

ニニギ

アマテラス

ゆかりの神社 8

伊勢神宮
【三重県伊勢市】
正式名称は「神宮」。皇大神宮（内宮）と豊受大神宮（外宮）からなり、内宮にアマテラスをまつる。20年に一度、社殿をつくり替える式年遷宮が古代から続けられている。

▶ 高千穂に降臨するニニギ一行〔図2〕

高千穂の場所は不明だが、高千穂町（宮崎県北部）と、霧島連山の高千穂峰（宮崎県南部）の2説が有力。

高千穂の久士布流岳

サルタビコ
アメノタヂカラオ
アメノコヤネ
ニニギ
アメノウズメ
フトダマ
タマノオヤ
イシコリドメ
オモイカネ

【上巻】天地創造と神々の誕生　1章

Q なぜニニギの父は 地上統治を子にゆだねた?

地上の統治はニニギに任されることとなりましたが、少し唐突な流れのようにも思えます。なぜ、急にアメノオシホミミからニニギへと交代したのでしょうか?

　ニニギの父**アメノオシホミミ**は、アマテラスとスサノオとの**誓約**の際に生まれた神で、ニニギの母は**タカミムスヒ**（➡P28）の娘です。ニニギが父に代わって地上に降りた理由には、諸説あります。

　一般的な説は、『古事記』編纂時の実質的指導者であった**持統天皇**（➡P102）が、実子の草壁皇子が早世したため、**孫の軽皇子**

（文武天皇）を即位させることを正当化するためにつくられた神話というもの。このほか、『古事記』成立時の天皇であった**元明天皇が、自分の孫の首皇子（聖武天皇）をいずれ即位させたいという願望が表現されている**という説もあります。この説だと、タカミムスヒは朝廷の最高権力者だった藤原不比等と重なります〔**下図**〕。

　このほか、高天の原の神々は自然発生的に現れますが、**ニニギは男神と女神の間に生まれた最初の神**で、この点からも人間に近く地上に降臨するにふさわしい神でした。また、ニニギは正式には、**天邇岐志国邇岐志天津日高日子番能邇邇芸命**という長い名前ですが、そのほとんどは美称で、**ホノニニギは「稲穂が豊かに実る」という意味。**つまり、穀物の神です。そのため、ニニギの降臨は、穀物を地上にもたらす意味もこめられていると考えられています。

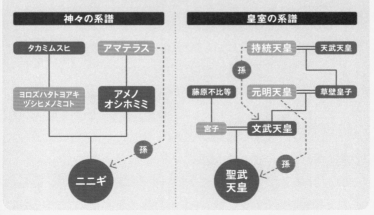

| ニニギと皇室の系譜 | 『日本書紀』では、最初からニニギに降臨が命じられているが、『古事記』では、父と交代したニニギが降臨する。その理由は、『古事記』編纂時の皇室の系譜から読み解くことができる。 |

神々の系譜

タカミムスヒ　アマテラス
ヨロズハタトヨアキツシヒメノミコト　アメノオシホミミ
孫
ニニギ

皇室の系譜

持統天皇　天武天皇
藤原不比等　元明天皇　草壁皇子
孫
宮子　文武天皇
孫
聖武天皇

〔上巻〕天地創造と神々の誕生　**1**章

地上に降りた神々は、その後どうなった?

なるほど! ヤマト政権に仕える氏族や集団の祖先となり、アメノウズメはサルタビコを伊勢まで送った!

　ニニギに従って、多くの神々が高千穂に降り立ちました。その後、神々はどうなったのでしょうか?

　アメノコヤネは**中臣の連**の祖先、フトダマは**忌部の首**の祖先、イシコリドメは**鏡作の連**の祖先、タマノオヤは**玉作の連**の祖先などになりました。そして、ニニギはアメノウズメに「先導役として仕えてくれたサルタビコに最初に声をかけて名を聞いたあなたが、故郷である伊勢(現在の三重県)まで送っていきなさい。そして、**サルタビコの名を受け継いで、お仕えしなさい**」と命じました。このため、祭祀を司るアメノウズメの子孫の巫女たちは**猿女君**と呼ばれるようになります〔**図1**〕。

　アメノウズメはサルタビコを送り届けると、伊勢の海にいるすべての魚を呼び寄せ「**おまえたちはアマテラスに仕えるか**」とたずねました。すべての魚は「お仕えします」と答えましたが、**海鼠**だけは黙っています。アメノウズメは「**おまえの口は話ができないのか**」と言って、小刀でその口を裂いてしまいました。このため、海鼠の口は横に裂けているのです〔**図2**〕。

　そのような理由から、朝廷では志摩国(三重県志摩半島)から届けられる**初物の魚介類を、猿女君に分け与えるようになりました。**

サルタビコ と アメノウズメ

▶ 地上に降りた神々のその後 〔図1〕

ニニギに従って降臨した神々の多くは、朝廷に仕える氏族の祖となった。

アメノコヤネ

朝廷の祭祀を司る有力氏族「中臣の連」の祖となる。

フトダマ

朝廷の祭祀を司る氏族「忌部の首」の祖となる。

アメノウズメ

朝廷で舞楽を演じた巫女の氏族「猿女君」の祖となる。

イシコリドメ

鏡の製作集団を率いた氏族「鏡作の連」の祖となる。

タマノオヤ

勾玉の製作集団を率いた氏族「玉作の連」の祖となる。

サルタビコ

アメノウズメに「猿」の名を与え、伊勢に鎮座する。

▶ 海鼠の口を裂くアメノウズメ 〔図2〕

アメノウズメは伊勢志摩地方の海民が信仰していた神で、魚を召集する神話は、この地方の海民が古くからヤマト政権に従っていたことを示している。

おまえの口は
話ができないのか

26 神の系譜にある天皇が永遠の命を失った理由は?

なるほど！ ニニギが拒否した**醜い容姿のイワナガヒメ**は、**永遠の命**を授けてくれる存在だった！

太陽神アマテラスの系譜に連なるとされる天皇ですが、神のように永遠の命をもてなくなったのには、ニニギが関係しています。

高千穂に住みはじめた**ニニギ**は、**サクヤビメという美しい娘に出会います**。ニニギはすぐに求婚しましたが、サクヤビメは「父の**オオヤマツミ**（➡P32）が答えるでしょう」と返事をします。結婚の申し入れを聞いたオオヤマツミは大喜びし、サクヤビメの姉の**イワナガヒメ**もいっしょにニニギのもとに送り届けました。しかし、**ニニギはイワナガヒメの容姿が醜かったので送り返し、サクヤビメとだけ契りを結びます**。これを屈辱と感じたオオヤマツミは、ニニギに次の言葉を送ります。「イワナガヒメといっしょなら、あなた様の寿命は、岩のように揺るぎない永遠のものになったでしょう。しかし、サクヤビメだけを留めたので、あなた様の寿命は木の花（桜）のように、はかなく散るでしょう」〔**図1**〕。このため、ニニギの子孫である**天皇は永遠の命を失ってしまった**のです。

その後、サクヤビメから妊娠を告げられたニニギは「私の子ではないだろう」と疑います。サクヤビメは**「天の神の子であれば安産のはず」**と答え、産屋を建てて内側から火を放って出産します。こうして**ホデリ**、**ホスセリ**、**ホオリ**の三兄弟が生まれたのです〔**図2**〕。

ニニギの人間的な振る舞い

▶ 永遠の命を失うニニギ〔図1〕

天の神は死なない存在だが、天の神の子孫である天皇には寿命がある。これは、その理由を説明するための神話である。

ニニギは、オオヤマツミのふたりの娘のうちイワナガヒメを送り返し、サクヤビメと契りを結んだ。

オオヤマツミは、「永遠の命を与えるイワナガヒメを返したので、あなたの命は花のように散る」と伝える。

▶ サクヤビメの出産〔図2〕

ニニギから「私の子ではあるまい」と疑われたサクヤビメは、炎の中で無事に出産し、天の神の子であることを証明した。

ホデリ（ウミサチビコ）

ホスセリ

ホオリ（ヤマサチビコ）

生まれた子の名前には、すべて「火」がつく。

【上巻】天地創造と神々の誕生　**1章**

27 兄弟喧嘩、勃発？ ニニギの子たちのその後

なるほど！ 兄ホデリの**釣り針をなくしたホオリ**は、兄から許されないまま、**海神の宮殿**に向かう！

サクヤビメが炎の中で生んだ子たちは、成長した後、どうなったでしょうか？　**兄のホデリはウミサチビコ**として海の魚をとり、**弟のホオリはヤマサチビコ**として山の獣をとるようになりました。

ある日、ホオリは兄のホデリに**「お互いの道具を取り替えてみましょう」**と提案しますが、断られます。それでもホオリは何度も頼み、ついに漁具を貸してもらいます。しかし、釣りをしても魚は一匹も釣れず、**釣り針までなくしてしまいます**。

ホオリは釣り針を紛失したことをホデリに伝えましたが、ホデリ**は「釣り針を返せ」と弟を責め立てました**。ホオリは腰に帯びていた**十拳の剣**をつぶして五百本の釣り針をつくって返しますが、ホデリは受け取らず**「元の釣り針を返せ」**と言うばかりです〔**図1**〕。

困り果てたホオリが海辺で泣いていると、**シオツチという潮流を司る神**がやってきて「なぜ泣いているのか」とたずねます。理由を聞いて、助けてあげたいと思ったシオツチは、竹で編んだ籠の舟をつくって、それにホオリを乗せました。そして、「私がこの舟を押し出しますから、潮流に任せて進みなさい。すると、**海の神ワタツミ**（→P32）の宮に到着します」と言いました。ホオリが教えられたとおりに舟で進むと、**ワタツミの宮**に到着したのです〔**図2**〕。

弟の失敗を許さない兄

▶ 釣り針をなくすホオリ〔図1〕

「釣り針をなくして、海神国に至り、釣り針を取り戻す」という物語は、インドネシアの島々に伝わる神話と類似している。このため、ウミサチ・ヤマサチの物語は、南方から伝わった神話に基づいていると考えられている。

釣り針を返せ！

ホオリ

ホデリ

ホデリは、ホオリがどれだけ謝罪しても許さなかった。

▶ ワタツミの宮に向かうホオリ〔図2〕

シオツチがつくった舟に乗って海に乗り出したホオリは、潮流に乗ってワタツミ（海の神）の宮に到着。ワタツミの宮は海中にあるという説もあるが、舟でたどり着いたので、海の彼方にあるとも考えられる。

ワタツミの宮

潮流に乗って舟を進めると、ワタツミの宮に到着した。

28 兄弟喧嘩、終結？ ホオリの逆襲

なるほど！ ホオリは、ワタツミから渡された**満潮と干潮を操れるふたつの珠**で、**兄ホデリを屈服させる！**

　ワタツミの宮にたどり着いたホオリは、美しい娘と出会います。**彼女はワタツミの娘のトヨタマビメ**でした。ふたりは目を合わせただけで恋に落ちます。ワタツミは、トヨタマビメとホオリをすぐに結婚させ、**ホオリはワタツミの国で暮らすことになった**のです。

　三年が経ったある日、ホオリは兄ホデリの釣り針をなくしたことを思い出し、深いため息をつきます。ため息の訳を娘から聞いたワタツミは、**海の中の魚をすべて集めて、鯛の喉から釣り針を見つけ出し**、ホオリに返してくれました〔**図1**〕。

　そのとき「釣り針を返すとき『**この釣り針は貧しい針、おろか者の針**』と、呪いの言葉を唱えなさい。そして、兄君と高さのちがう場所に田をつくりなさい。兄君は貧しくなります。恨んで攻めてきたら、**満潮を引き起こす潮盈珠で溺れさせ、謝ってきたら干潮を引き起こす潮乾珠で助けなさい**」と言い、呪力をもつふたつの珠をホオリに渡し、鮫に乗せて地上に送り出しました。

　地上に戻ったホオリが釣り針を兄に返し、ワタツミの言ったとおりにすると、兄は貧しくなり、恨んで攻めてきました。ホオリが兄を潮盈珠で溺れさせると命乞いをしたので、潮乾珠で助けます〔**図2**〕。こうして、**ホデリはホオリに仕えることになった**のです。

兄に仕返しをする弟

▶ワタツミの宮で結婚し、釣り針を見つけるホオリ〔図1〕

ワタツミは博多湾を拠点にする阿曇氏（あずみうじ）が信仰する海神。ワタツミがホオリを助けるのは、阿曇氏のヤマト政権への協力を示すと考えられる。

ホオリとトヨタマビメは出会った瞬間に恋に落ち、すぐに結婚する。

ワタツミは海の魚をすべて集めて、鯛の喉から釣り針を見つけ出す。

▶兄を従わせるホオリ〔図2〕

地上にもどったホオリは、ワタツミに教えられたとおりに行動し、呪力をもつ珠で兄を服従させた。

潮盈珠	潮乾珠
ホオリは洪水を起こし、ホデリを溺れさせた。	ホデリが命乞いをしたので、潮を引かせた。

ホオリがたどり着いた
「ワタツミの宮＝竜宮城」説を検証！

　兄の釣り針をなくした**ホオリ**は、海を渡って**ワタツミの宮**を訪れ、海神から呪力を秘めた珠をもらいます。この物語から連想されるのは、昔話の**「浦島太郎」**でしょう。亀を助けた浦島太郎が、竜宮城に招待されて、**乙姫**から手厚くもてなされるけれど、帰郷するときに渡された玉手箱を開けてしまい、一瞬で白髪の老人になってしまう物語です。「浦島太郎」は室町時代に成立した物語集『**御伽草子**』に収められていますが、**この昔話と共通するイメージが、すでに『古**

事記』に書かれていることがわかります。

『古事記』と同時期に成立した『日本書紀』には、**水江浦島子**という若者が大亀を釣り上げると、たちまち女性になったので妻にし、ふたりで海中の**蓬莱山**に着いたと書かれています。蓬莱山とは、仙人が住む土地のひとつで、中国古来の**「神仙思想」**に基づくものです。神仙思想とは、**不老長寿の仙人が異郷の楽園に実在すると信じる思想**で、不老不死へのあこがれから生まれました。

　また、『古事記』に登場する**「常世の国」**は、海の彼方にある永遠の世界のことで、東南アジア方面から伝わった**「水平的世界観」**を反映しています。**ワタツミの宮が、常世の国にあるかどうかは不明ですが、深い関連があることは確か**でしょう。常世の国が、神仙思想と結びついたことは、『日本書紀』で蓬莱山のことを「とこよのくに」と読ませていることからもわかります。ワタツミの宮も竜宮城も、**「海の彼方に不老不死の理想郷がある」**という古代人の願いから生まれたと言えるでしょう〔**下図**〕。

ワタツミの宮と竜宮城

ワタツミの宮
海神ワタツミが住む宮殿。

場所　海上（または海中）にある
時間　外部と時間の流れは同じ

竜宮城
乙姫（または龍王）が住む宮殿。

場所　海中にある
時間　外部より時間の流れが速い

29 神武天皇の母は海神？ イワレビコの誕生

 トヨタマビメの妹が、姉が生んだ子と結婚して、後に神武天皇となるイワレビコが誕生する！

地上に戻って兄を従わせた**ホオリ**と、ワタツミの宮に残った**トヨタマビメ**との関係は、どうなったのでしょう？　ホオリの子を身ごもっていたトヨタマビメは、夫のもとにやってきて、**「天の神の子を海中では生めません」**と言って、萱の代わりに鵜の羽で屋根を葺いた産屋（出産用の小屋）を建てはじめました。

屋根が葺き終わらないうちに産気づき、産屋に入ったトヨタマビメは**「出産するときは、私は本来の姿にもどります。だから、その姿を見ないでください」**と頼みます。しかし、好奇心にかられたホオリは中をのぞき見てしまいます〔**図1**〕。すると、**大きな鮫がのたうち回っていました**。ホオリは恐怖で逃げ出し、恥ずかしく思ったトヨタマビメは、生んだ子を残してワタツミの宮に帰ってしまいました。生まれた子は**ウガヤフキアエズ**と名づけられました。

しかし、夫を忘れられないトヨタマビメは、夫のもとに**妹のタマヨリビメを送り、子育てをさせます**。ホオリは妻に「愛するあなたをいつまでも忘れない」という歌を詠み、580歳まで生きました。

成長したウガヤフキアエズは、叔母であり、育ての母でもあるタマヨリビメと結婚し、四兄弟を生みました。**その末っ子が、後に神武天皇（→P114）となるイワレビコなのです**〔**図2**〕。

神武天皇が誕生するまで

▶妻の出産をのぞくホオリ〔図1〕

トヨタマビメとの結婚は、異類婚によって海の神の霊威が皇室に取り入れられたことを示している。

ホオリは、約束を破って妻の正体を見たことで、別れることになる。

ゆかりの神社 9

鵜戸神宮
【宮崎県日南市】
神武天皇の父ウガヤフキアエズが生まれた産屋跡に、建てられたとされている。

▶イワレビコの誕生〔図2〕

ウガヤフキアエズとタマヨリビメとの間に生まれた四兄弟の末っ子イワレビコが、後に神武天皇になる。

父 ウガヤフキアエズ

母 タマヨリビメ

次男 イナヒ

長男 イツセ

三男 ミケヌ

四男 イワレビコ

〔上巻〕天地創造と神々の誕生 **1章**

天より賜った宝物「三種の神器」の現在

　三種の神器とは、**天皇が皇位のしるしとして代々伝えてきた**三つの宝物で、**「八咫の鏡」「八尺瓊の勾玉」「草薙の剣」**のことです。

　鏡・勾玉・剣は弥生時代から権威の象徴であり、やがてヤマト政権の皇位継承の儀式で受け継がれてきたと考えられます。しかし、**天皇でさえ実物を見ることは許されず、神器は謎に包まれています。**
『古事記』によれば、鏡と勾玉は天の石屋からアマテラスを引き出す際に製作されたもので、剣はスサノオが倒したヤマタノオロチの

尾から取り出されたものです。これらの神器は、**天孫降臨の際に地上にもたらされました**（➡ P84）。

　現在、宮中の儀式で用いられている三種の神器のうち、鏡と剣は、本体を模して新造された**「形代」**とされます。10代**崇神天皇**（➡ P122）が「神聖な神器と同じ場所で暮らすのは畏れ多い」として、鏡と剣の形代をつくって宮中にまつり、**本体を伊勢神宮に奉納した**のがはじまりとされます。勾玉だけは形代がつくられず、現在も**皇居**に伝わっているそうです。

三種の神器の所在地

八咫の鏡

本体 高天の原でイシコリドメが製作し、天孫降臨の際にアマテラスからニニギに授けられる。崇神天皇が伊勢神宮に奉納し、現在も伊勢神宮に伝わる。

形代 崇神天皇が形代を製作し、現在は皇居に伝わる。

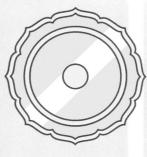

八尺瓊の勾玉

本体 高天の原でタマノオヤが製作し、天孫降臨の際にアマテラスからニニギに授けられる。形代はつくられず、現在も皇居に伝わる。

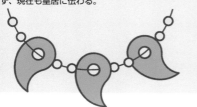

草薙の剣（天叢雲剣）

本体 スサノオが倒したヤマタノオロチの尾から出現し、アマテラスに献上された後、天孫降臨の際にニニギに授けられる。崇神天皇が伊勢神宮に奉納した後、ヤマトタケル（➡ P138）に授けられ、現在は熱田神宮（愛知県）に伝わる。

形代 崇神天皇が形代を製作したが、1185年の壇ノ浦の戦いで水没。その後、伊勢神宮から皇室に献上された剣を草薙の剣とした。現在は皇居に伝わる。

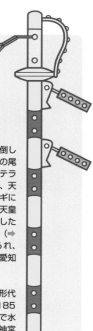

〔上巻〕天地創造と神々の誕生 **1章**

アマテラスのモデルともいわれる有能な女帝

持統天皇

〔645〜702〕

　持統天皇は、大化の改新を指導した中大兄皇子（天智天皇）の娘で、『古事記』編纂の事業を開始した天武天皇の皇后です。即位前の名は、鸕野讃良皇女といいます。夫と大友皇子（天智天皇の子）が争った壬申の乱では、夫と常に行動をともにし、勝利に貢献したといわれます。夫の死後、即位せずに政務をとる「称制」によって実質的な国家指導者となり、実の子である草壁皇子に皇位を継がせるため、大津皇子（天武天皇の子）に謀反の罪を着せて処刑しました。ところが、その３年後、草壁皇子が病死したため、41代持統天皇として即位します。当時７歳だった孫の軽皇子に、皇位を譲るためだったと考えられています。

　天武天皇は、日本最初の本格的な都である藤原京の造営を開始していましたが、志半ばで亡くなります。持統天皇は夫の遺志を継ぎ、694年に藤原京を完成させました。夫が遺した『古事記』や『日本書紀』の編纂の事業にも深く関わったとされます。

　また、持統天皇は『日本書紀』が扱う最後の天皇で、「落ち着きがあり、度量が広い」と記され、女帝として朝廷に君臨しました。伊勢神宮の式年遷宮（➡P85）も持統天皇の在世中にはじまりました。

　こうしたことから、アマテラスのモデルは持統天皇という説もあります。

2章

【中巻】
天皇の誕生と諸国の平定

「中巻」は、神武天皇が「東征」を成功させ、
初代天皇に即位する物語からはじまります。
そして、諸国平定を進める天皇家の中から、
古代最大の英雄、ヤマトタケルが登場します。

『古事記』中巻のあらすじ

イワレビコが東征を成功させて神武天皇になる物語からはじまり、
ヤマトタケルの生涯や、神功皇后の新羅遠征などが描かれます。

イワレビコ（神武天皇）の物語

1 東征の開始（➡ P108）

ニニギの子孫であるイワレビコ
は、兄イツセとともに九州を出
て東を目指す。

2 八咫烏の導き（➡ P110）

イワレビコは東征中に何度も
危機におちいるが、天から下
された霊剣や八咫烏の案内に
よって東征を成功させる。

3 神武天皇の誕生（➡ P114）

イワレビコは抵抗する勢力を倒して、
初代神武天皇として即位。オオモノ
ヌシの娘と結婚する。

崇神天皇と垂仁天皇の物語

4 三輪山のオオモノヌシ
（➡ P122）

10代崇神天皇は、疫病をしずめるため、夢に現れたオオモノヌシを三輪山にまつる。

5 諸国の平定
（➡ P124）

崇神天皇はタケハニヤスの反乱をしずめて、諸国を平定する。

6 サホビメの悲劇
（➡ P126）

11代垂仁天皇の皇后サホビメは、兄とともに反乱を起こすが失敗。子を残して自害する。

7 ホムチワケの旅
（➡ P128）

垂仁天皇とサホビメの間に生まれたホムチワケは、祟りで口がきけなくなったため、出雲まで旅する。

〔中巻〕天皇の誕生と諸国の平定　**2章**

凶暴なヲウス
(➡ P134)

12代景行天皇の子ヲウス は、残忍な方法で兄を殺し たため、父から恐れられ、 西征を命じられる。

ヤマトタケルの 西征 (➡ P136)

西征に向かったヲウスは、九州の クマソタケル討伐を成功させ、ヤ マトタケルと名乗る。

ヤマトタケル の東征 (➡ P138)

帰還直後に父から東征を命じられたヤマト タケルは、数々の苦難を乗り越えて東征を 成功させる。

ヤマトタケルの死
(➡ P140)

東征からの帰路、ヤマトタケルは神を あなどったために衰弱し、死を迎える。

12 神功皇后の新羅遠征 (→ P144)

14代仲哀天皇の皇后・神功皇后は、神託に従って新羅遠征を成功させる。

13 ホムダワケの誕生 (→ P146)

新羅から帰還した神功皇后は、生まれたばかりのホムダワケに敵対する皇子らを倒す。

14 ホムダワケの旅と即位 (→ P150)

ホムダワケは身を清めるために旅を続けた後、15代応神天皇として即位する。

15 オオヤマモリの乱 (→ P154)

応神天皇の子オオヤマモリは天下を狙って反乱を起こすが、弟たちに敗れる。

30 中巻はどんな話から スタートする?

なるほど! 後の神武天皇・イワレビコが、天下を治めるため東へ向かうところからはじまる!

『古事記』の中巻は、**アマテラスの孫ニニギの子孫として生まれたイワレビコ、後の神武天皇**の話からはじまります。

高千穂の宮殿で国を治めていたイワレビコは、あるとき、兄のイツセに**「天下を治めるため、東に行こう」**と提案し、いっしょに出発します。その途中、**宇沙**（大分県宇佐市）で土地の者から歓迎を受けます。そこから**岡田宮**（福岡県北九州市）に一年滞在して瀬戸内海に入り、安芸国（現在の広島県）の**多祁理宮**で七年、吉備（現在の岡山県）の**高島宮**で八年を過ごしました。

やがて、一行の船は**白肩の津**（大阪府東大阪市）に着きますが、土地の豪族**ナガスネビコ**が襲ってきました。イワレビコたちは迎え撃ちますが、イツセは腕に矢を受けて重傷を負ってしまいます。イツセは**「我々は日の神の子であるのに、太陽に向かって戦ったのがよくなかった**。これからは、太陽が背になるようにして戦おう」と提案し、南方から迂回する作戦を立てます。

イツセは**血沼の海**（大阪湾）で血を洗いましたが、**男之水門**（大阪府泉南市）で傷が悪化し、亡くなってしまいます〔**図1**〕。それでもイワレビコたちは進軍を続け、**熊野の村**（和歌山県新宮市）に上陸したのでした〔**図2**〕。

イワレビコの東征がはじまる

▶ 東征の開始とイツセの戦死〔図1〕

日が昇る東は、「日の神の子」が向かうべき方向だった。このため、東征は辺境の九州から開始される設定になったと考えられる。

イワレビコは天下を治めるため、兄のイツセとともに東征を開始。

東征の途中で負傷したイツセは、男之水門で傷が悪化して亡くなる。

▶ イワレビコの東征ルート〔図2〕

イワレビコが畿内に到達するまで、16年以上かかっている。

2 一年滞在
岡田宮
宇沙
1 出発地
高千穂

3 七年滞在
多祁理宮 安芸国

4 八年滞在
高島宮 吉備国

5 イツセが負傷
摂津国 白肩の津
血沼の海
男之水門
河内国
木国
熊野の村

6 イツセが死亡

7 霊剣で荒ぶる神を倒す

8 エウカシを倒す

9 土雲を倒す

10 天皇として即位
大和国
白檮原宮
忍坂 宇陀

31 荒ぶる神に獰猛な豪族…東征は苦難続き？

なるほど！ イワレビコはさまざまな危機に直面するが、タケミカヅチの霊剣や八咫烏などに救われる！

　熊野の村に上陸したイワレビコ一行でしたが、さまざまな苦難がイワレビコたちに襲いかかります。まず、イワレビコたちは上陸直後、**いきなり現れた大きな熊の邪気に当たって気を失ってしまいます**。この熊は、熊野の山の荒ぶる神でした。この危機を救ったのが、土地の豪族タカクラジです。**タカクラジ**は、夢の中で天上の**タケミカヅチ**が降ろした霊剣「**布都御魂**」をイワレビコに献上。すると、剣を受け取っただけで荒ぶる神は切り倒されたのです〔**図1**〕。

　イワレビコがさらに進もうとすると、**タカギノカミ**※（➡P28）から「これより先に進むな。荒ぶる神がたくさんいるので、**案内役として八咫烏を送り届ける**」とお告げがありました〔**図2**〕。八咫烏に従って進むと、魚をとる神**ニヘモツノコ**や、尾の生えた神**イヒカ**や**イワオシワクノコ**などが参上し、イワレビコに忠誠を誓いました。

　宇陀（奈良県宇陀市）に到着すると、**エウカシ・オトウカシ**という兄弟がいて、エウカシは罠をしかけてイワレビコを殺そうとしました。しかし、オトウカシの密告で、エウカシは自分のつくった罠にかかって死んでしまうのでした。さらにイワレビコらは、忍坂（奈良県桜井市）で、獰猛な**土雲**と呼ばれる豪族たちを宴会に誘って油断させ、歌を合図に切り殺したのです。

※タカミムスヒの別名。

▶霊剣に救われるイワレビコ〔図1〕

タカクラジは、夢の中でタケミカヅチからイワレビコを救うための霊剣を授かる。目覚めると、実際に霊剣があった。

イワレビコはタカクラジから献上された霊剣によって正気を取り戻し、荒ぶる神を倒した。

ゆかりの神社 ⑩

石上神宮
いそ の かみ
【奈良県天理市】

日本最古の神社のひとつで、霊剣「布都御魂」を祭神としてまつる。

▶イワレビコ一行を案内する八咫烏〔図2〕

八咫烏は「大きな烏」という意味で、天上のタカギノカミからイワレビコのもとに遣わされた。『古事記』には記されていないが、八咫烏の足は3本あるとされる。

知れば知るほど
おもしろい
神々・皇族の謎
⑥

Q タケミカヅチの霊剣は
実在するの？

剣の神で、『古事記』最強の武神であるタケミカヅチは、イワレ
ビコが危機におちいった際、国譲りで使った霊剣を、天から降
ろしました。この霊剣は、その後、どうなったのでしょう？

『古事記』には、たびたび**「十拳の剣」**と呼ばれる剣が登場します。
これは**「拳を十個分並べた長さの剣」**という意味で、剣の固有の名
称ではありません。『古事記』の中で固有の名称がある最も有名な
剣は、三種の神器のひとつ**「草薙の剣」**です。このほか、神生みの
際にイザナキが、妻イザナミを死に追いやったヒノカグツチを切り

殺したときに使った剣にも「**天之尾羽張**」（またの名を「**伊都之尾羽張**」）という名称があります。この剣についた血が**岩に飛び散ったときに生まれたのが、タケミカヅチ**です。

　タケミカヅチは国譲りの神話において、波の上に「十拳の剣」を立てます。そして、東征中に失神したイワレビコを救うとき、**「地上を平定したときの剣があるので、これをタカクラジのもとに降ろします」**と言って剣を地上に降ろします。この発言から、降ろした剣が国譲りの際に使った剣だとわかります。

　この霊剣は「**布都御魂**」と呼ばれることになり、神武天皇の手を経て、10代崇神天皇の時代に、ヤマト政権の軍事を担当する**物部氏の祖先のウマシマヂが、石上神宮（奈良県天理市）がある地にまつった**とされ、現在、石上神宮の本殿に安置されています。一方、タケミカヅチをまつる**鹿島神宮**（➡P79）にも、タケミカヅチの霊剣がまつられています。「**韴霊剣**」と呼ばれる全長2m71cmの長大な直刀で、国宝に指定されています。布都御魂が石上神宮に奉納されたため、改めて鋳造されたものという説もあります。

2本の布都御魂

石上神宮所蔵　布都御魂剣

石上神宮の禁足地に埋められていたが、明治時代に発掘され、そのときに発見された鉄刀が布都御魂とされた。現在は本殿に御神体としてまつられているが、非公開。

内反り

全長約85cm

環頭

鹿島神宮所蔵　韴霊剣

由来は不明だが、奈良時代〜平安時代初期の制作と推定されている。国宝に指定され、公開もされている。

全長271cm

32 初代天皇には誰がなった?

なるほど!

兄の仇をも倒した**イワレビコ**が、初代天皇・**神武天皇**として即位する!

　忍坂の豪族を討伐するなどして、イワレビコたちの大和（現在の奈良県）平定は目前に迫ります。さらにイワレビコは、兄の仇である**ナガスネビコ**との戦いに挑み**「撃ちてし止まむ（撃たずにおくものか）」**と何度も歌って勇気を奮い立たせ、みごとに討ち取ります。

　このとき、高天の原から**ニギハヤヒ**が参上。「天の神の子が地上に降りたというので、追ってきました」と言い、天上の宝物を献上して、イワレビコに仕えることになりました。ニギハヤヒはナガスネビコの妹と結婚し、**物部氏の祖先となるウマシマヂ**（➡P113）を生みました。

　こうして、荒ぶる神々や逆らう豪族たちを従えたイワレビコは、畝火（畝傍山のふもと）に**白檮原宮**を造営し、**神武天皇として天下を治めることになった**のです〔**図1**〕。

　神武天皇には、高千穂にいたときに結婚したアヒラヒメが生んだ**タギシミミ**という子がいましたが、即位後、新たに皇后を探すことにします。そのとき見つかったのが、三輪山の神**オオモノヌシ**（➡P74）と**セヤダタラヒメ**との間に生まれた**イスケヨリヒメ**でした。彼女は、神武天皇に見染められて皇后となり、**ヒコヤイ、カムヤイミミ、カムヌナカワミミの三兄弟**を生んだのです〔**図2**〕。

イワレビコが神武天皇になる

▶ 東征を成しとげるイワレビコ〔図1〕

抵抗勢力を倒したイワレビコは、大和で神武天皇として即位した。

イワレビコは、「屈辱を忘れてない」と歌って、兄の仇であるナガスネビコを倒した。

ゆかりの神社 ⑪

橿原神宮
【奈良県橿原市】

イワレビコが白檮原宮を造営し、神武天皇として即位した場所に建ち、神武天皇をまつる。

▶ 神武天皇の家族関係〔図2〕

日向（現在の宮崎県）からやって来た神武天皇は、大和の神オオモノヌシの娘との結婚によって、大和の支配を確実なものとした。

セヤダタラヒメ　オオモノヌシ

アヒラヒメ　神武天皇　イスケヨリヒメ

タギシミミ　ヒコヤイ　カムヤイミミ　カムヌナカワミミ

Q 神武天皇の東征神話は 歴史的事実と関係ある？

九州を出発したイワレビコは、畿内で敵と戦いながら勝利を収め、大和で初代神武天皇として即位します。この「神武東征神話」は、何らかの歴史的な事実を反映しているのでしょうか？

　　九州の高千穂にいたイワレビコは、兄イツセとともに東征を開始し、大和に入って初代神武天皇として即位します。神武天皇の名である**「神倭伊波礼毘古命」**は、日本風の諡号（死後に贈る名）で「大和の磐余（橿原市一帯の古地名）の男神」を意味します。

　　この**神武東征神話**が歴史的な事実を反映しているかどうかについ

ては、古くから議論されてきました。現在、この神話は、史実を反映しているというより、**辺境の地の山頂に降臨した始祖神が、苦難の遠征を経て王都に入って建国するという「北方系建国神話」**の構造に沿って構築されたものと考えられています。つまり、天皇が神の子孫であり、日本を統治する正統性をもっていることを示すための神話なのです。

このほか、天皇が皇位継承に際して行う**「大嘗祭(だいじょうさい)」**との関連も指摘されています。熊野から大和に入る東征の終盤では、**大伴氏(おおともうじ)や久米氏(くめうじ)**がイワレビコに協力し、**戦闘場面は久米氏が伝えていた「久米歌(くめうた)」を中心に描かれています**。久米歌に舞をつけたものが**「久米舞(くめまい)」**で、古代から現在に至るまで、**大嘗祭の儀式では久米舞が演じられ続けてきました**。神武東征と大嘗祭に何かしらの関係があるのは確かだと言えるでしょう。

大嘗祭で演じられる久米舞

大嘗祭は、収穫を神に感謝するため、天皇が即位後に最初に行う重要な儀式。久米舞は、久米氏の滅亡後、大伴氏と佐伯氏(さえきうじ)が受け継いだ。現在は、太刀を持った4人の舞人が、赤い袍(ほう)(公家の装束の上着)を着て勇壮に舞う儀式となっている。

33 跡目争いが勃発？
神武天皇の後継者は

なるほど! 神武天皇の最年長の子**タギシミミ**が
皇位を狙うが、**異母弟に返り討ちにされる**！

神武天皇の4人の子のうち、後継者となったのは誰だったでしょうか？ 最年長の**タギシミミ**は、137歳で亡くなった**神武天皇の皇后だったイスケヨリヒメを妻にします**。そして、彼女が生んだ三兄弟を殺害する計画を立てました。悩み苦しんだイスケヨリヒメは、**息子たちに夫の陰謀を知らせます**。命の危機を悟った三兄弟は、先手を打ってタギシミミを殺害することを決意しました〔**図1**〕。

次兄のカムヤイミミは、末弟のカムヌナカワミミから**「兄上が武器を持ってタギシミミを殺してください」**と言われますが、タギシミミの部屋に入ったところで手足がふるえて殺せませんでした。そこで、**カムヌナカワミミが兄から武器を借り、部屋に入ってタギシミミを殺害した**のです。

カムヤイミミは「私は敵を殺せず、あなたが敵を殺しました。私は兄ですが君主になるべきでない。**あなたが君主になって天下を治めてくれ**」と言い、弟に皇位継承権を譲ります。こうして、カムヌナカワミミは神武天皇を継いで2代**綏靖天皇**として即位し、天下を治めたのです〔**図2**〕。

そして、三兄弟の長兄ヒコヤイや、次兄カムヤイミミは、朝廷に仕える氏族たちの祖先となりました。

皇位継承をめぐる最初の争い

▶ 神武天皇の死後に起きた後継者争い〔図1〕

イスケヨリヒメは、新しい夫と3人の息子たちとの狭間で苦悩する。

タギシミミは、神武天皇の死後、その皇后だったイスケヨリヒメと結婚し、彼女の息子たちの殺害を計画する。

母イスケヨリヒメから、タギシミミに命を狙われていることを知らされた三兄弟は、タギシミミ打倒を決意する。

▶ 2代綏靖天皇となるカムヌナカワミミ〔図2〕

タギシミミを殺した末弟カムヌナカワミミは、兄から君主になるように求められる。弟が皇位を勝ち取る物語は『古事記』の随所に見られる。これは、天武天皇が壬申の乱で兄・天智天皇の子（大友皇子）に勝利して皇位をつかんだことを肯定する意図がうかがえる。

実は存在していない？
2〜9代天皇の謎を検証！

10代
崇神天皇

本当にいた？

初代
神武天皇

2〜9代 天皇

『古事記』では、カムヌナカワミミが2代綏靖天皇になるまでの物語が描かれていますが、即位して以降は、**系譜のほかに、政務を執った宮や、陵墓の場所しか記されていません**。そして、9代開化天皇までの八代の天皇についても、系譜的な記述しか書かれていないのです。これは、『日本書紀』でも同様です。

　この八代の系譜を見ると、**人間離れした長寿の天皇**が記されていて、その没年齢の記述も『古事記』と『日本書紀』とでは一致しま

せん〔**下図**〕。

　また、皇位はすべて父から息子に継承される形になっています。『古事記』では、後継者をめぐる争いがくり返し記され、皇位はたびたび兄弟間や甥などに継承されています。こうしたことから、**この八代は後世の創作だと考えられている**のです。

　この八代が創作された理由は想像するしかありませんが、陵墓が葛城地方（奈良盆地南西部）に集中していることから、**この地を支配していた豪族・葛城氏が関与している**という説があります。

　さらに、初代**神武天皇の実在を疑う説**もあります。これは、『古事記』で10代**崇神天皇**（➡ P122）のことを「**初国知らしし御真木天皇**」と記し、『日本書紀』でも「始馭天下之天皇」と記しているためです。どちらも「最初に国を治めた天皇」という意味ですが、これは、崇神天皇のことを「最初に即位した天皇」ではなく、祭祀体制や税制などを整えて**「最初に国家体制を確立した天皇」**と位置づけているためだと考えることができます。

八代の享年

2代	すいぜい 綏靖天皇	享年 45 歳（古事記） 享年 84 歳（日本書紀）
3代	あんねい 安寧天皇	享年 49 歳（古事記） 享年 57 歳（日本書紀）
4代	いとく 懿徳天皇	享年 45 歳（古事記） 享年 77 歳（日本書紀）
5代	こうしょう 孝昭天皇	享年 93 歳（古事記） 享年 113 歳（日本書紀）
6代	こうあん 孝安天皇	享年 123 歳（古事記） 享年 137 歳（日本書紀）
7代	こうれい 孝霊天皇	享年 106 歳（古事記） 享年 128 歳（日本書紀）
8代	こうげん 孝元天皇	享年 57 歳（古事記） 享年 116 歳（日本書紀）
9代	かいか 開化天皇	享年 63 歳（古事記） 享年 111 歳（日本書紀）

疫病の原因は神さま？「オオモノヌシの祟り」

なるほど！ 10代崇神天皇の代で、国中で疫病が流行。オオモノヌシの祟りであることがわかる！

　物語は**「最初に国を治めた天皇」**と称えられた10代**崇神天皇**まで進みます。崇神天皇の時代、疫病が流行して多くの人が亡くなりました。心を痛めた天皇は、神のお告げを聞くために聖なる神床に入ります。すると、夢に**オオモノヌシ**（➡P74）が現れ**「疫病は私が起こした。オオタタネコという者に私をまつらせたら、国は平穏になる」**と告げました。天皇がオオタタネコを探し出して「おまえは何者だ」と問うと、**「私はオオモノヌシの子孫です」**と答えます。天皇は大喜びし、オオタタネコを神主として、三輪山にオオモノヌシをまつらせました。すると、疫病はしずまり国中が平和になったのです〔**図1**〕。

　オオタタネコが神の子孫であることは、次のエピソードで記されています。美しい女性・**イクタマヨリビメ**のところへ、毎夜、通ってくる男がいました。ふたりは愛し合い、娘は身籠もります。男の素性を知りたくなった娘は、**糸巻の糸につけた針を、男の衣にこっそり刺します。**翌朝、男の姿はありませんでしたが、糸は鍵穴を通り抜けて外に出ていました。**糸をたぐると、三輪山の社にたどり着いたので、男がオオモノヌシだとわかりました。**こうしてふたりの間に生まれた子の子孫がオオタタネコだったのです〔**図2**〕。

▶ 祟りを起こすオオモノヌシ〔図1〕

オオモノヌシをまつる記述は、天皇家が国内の神々の祭祀体制を整えたことを意味している。

オオモノヌシは崇神天皇の夢に現れ「オオタタネコに私をまつらせると疫病はしずまる」と告げる。天皇はオオタタネコを探し出し、神主に任命し、オオモノヌシを三輪山にまつらせた。

▶ オオモノヌシの系図〔図2〕

崇神天皇とオオタタネコは、オオモノヌシの子孫で血縁関係にある。

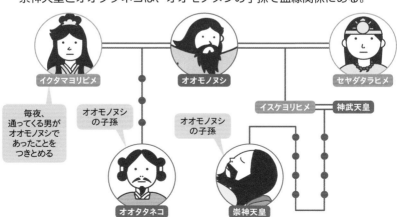

イクタマヨリピメ

オオモノヌシ

セヤダタラヒメ

毎夜、通ってくる男がオオモノヌシであったことをつきとめる

オオモノヌシの子孫

オオモノヌシの子孫

イスケヨリヒメ ─ 神武天皇

オオタタネコ

崇神天皇

35 少女の歌で反逆が判明？「崇神天皇の諸国平定」

なるほど！ 不思議な少女の歌で皇族の反逆の意図が判明。崇神天皇は反逆を阻止して諸国を平定した！

　オオモノヌシの祟りを収めた崇神天皇は、次に諸国平定を目指します。天皇は、**オオビコ**（８代孝元天皇の子）を高志（北陸地方）に、その子**タケヌナカワワケ**を東方の十二国に、**ヒコイマス**（９代開化天皇の子）を丹波国（丹波地方）に派遣したのです。

　さて、オオビコが高志に旅立ったとき、**「ミマキイリビコ（崇神天皇）は命を狙われている」**と歌う不思議な少女に出会います。オオビコが少女に歌の意味をたずねると、少女は「歌を歌っただけ」と言い残して、ふっと姿を消してしまいます。オオビコが都に戻って報告すると、天皇は**「少女の歌はタケハニヤスの反逆を暗示したものだ」**と言い、オオビコにタケハニヤス討伐を命じました。

　出陣したオオビコ軍は、山代（現在の京都府）の**和訶羅河**（木津川）を挟んでタケハニヤス軍と対峙します。両軍が矢を射ると、タケハニヤスは矢を受けて戦死したため、タケハニヤス軍の兵士たちは散り散りになり、次々と切り殺されていきました〔**図1**〕。

　その後、オオビコは高志を平定し、**会津**（福島県会津市）で、十二国を平定した息子タケヌナカワワケと**再会**します〔**図2**〕。こうして天下を平和にし、さらに**税を納める制度を整えた**崇神天皇は**「初国知らしし御真木天皇」**と称えられました。

▶ タケハニヤスの反乱と鎮圧 〔図1〕

タケハニヤスの反乱は大規模な軍事衝突に発展する。『古事記』における反乱は、基本的に皇室内部で起きる。

崇神天皇から出陣を命じられたオオビコは、和訶羅河を挟んでタケハニヤス軍と対峙した。オオビコ軍が射た矢は、タケハニヤスに当たり、タケハニヤス軍は総崩れになった。

▶ 崇神天皇の諸国平定 〔図2〕

諸国が平和になったため、人々は豊かになった。男性は狩りで得た獲物を、女性は手で織った織物を税として納めることになった。崇神天皇は最初に税制を整えた天皇だった。

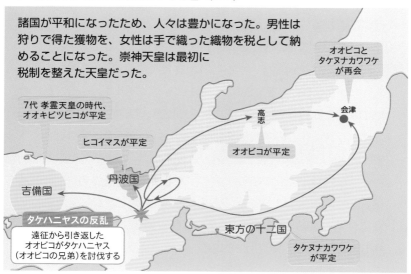

オオビコとタケヌナカワケが再会

7代 孝霊天皇の時代、オオキビツヒコが平定

ヒコイマスが平定

高志

会津

オオビコが平定

丹波国

吉備国

タケハニヤスの反乱

遠征から引き返したオオビコがタケハニヤス（オオビコの兄弟）を討伐する

東方の十二国

タケヌナカワケが平定

すい にん

なるほど！ 垂仁天皇の皇后**サホビメ**は、兄**サホビコ**から、天皇を小刀で**刺し殺すよう命じられる！**

崇神天皇の後を継いだ11代**垂仁天皇**は、皇后から暗殺されかけます。天皇の皇后となった**サホビメ**は、兄の**サホビコ**から「夫と兄のどちらが愛しいか」と問われます。サホビメが「兄です」と答えます。サホビコは「ふたりで天下を取ろう」と言い、**「天皇を刺し殺せ」と、小刀をサホビメに渡しました。**

サホビメは、自分の膝を枕にして眠る天皇に、小刀を三度振り上げましたが、どうしても刺すことができず、**あふれ出る涙が天皇の顔にこぼれ落ちてしまいます。** 目を覚ました天皇が理由をたずねると、サホビメは兄の陰謀をすべて打ち明けたのでした〔**図1**〕。

反逆を知った天皇は、サホビコが立てこもる**稲城**※に軍勢を差し向けますが、サホビメは密かに稲城に駆けこみます。このとき、サホビメは身籠もっていました。天皇が攻撃を控えている間に出産したサホビメは**「この子を引き取ってほしい」** と天皇に頼みます。天皇は子を受け取る兵士に、「サホビメもいっしょに捕らえて連れ戻せ」と命じますが、失敗に終わります。天皇は**「この子の名をどうするか」** などと呼びかけて時間を稼ぎますが、サホビメの気持ちは変わりません〔**図2**〕。ついに、天皇は覚悟を決めて攻撃を開始。**燃え盛る炎の中**で、サホビコは戦死し、サホビメは自害したのです。

※稲束を積み上げて築いた簡易的な防塁。

兄と夫との狭間で苦しむ皇后

▶ 暗殺に失敗するサホビメ〔図1〕

サホビメの物語
は、父系制の天
皇家と、日本で
古代から続く母
系制とが対立し
た事情が読み取
れる。

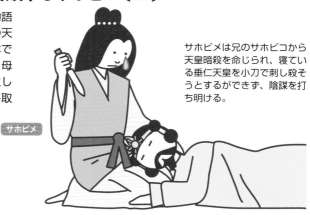

サホビメ

サホビメは兄のサホビコから
天皇暗殺を命じられ、寝てい
る垂仁天皇を小刀で刺し殺そ
うとするができず、陰謀を打
ち明ける。

▶ 時間稼ぎをする天皇〔図2〕

サホビメとの別れをあきらめきれない天皇は、サホビメに何度も問いかけ
て時間を稼いだが、気持ちを変えられなかった。

この子に
どんな名前を
つけるか？

どうやって
この子を
養育するか？

次の后は
誰にすれば
いい？

ホムチワケと
名づけて
ください

乳母をつけて、
産湯につける
者を定めてください

ヒバスヒメと
オトヒメの姉妹
がいいでしょう

37 垂仁天皇の子は口がきけなかった？

なるほど！ 垂仁天皇の子は**生まれつき話せなかった**が、出雲に**参拝して話せるようになった**！

垂仁天皇とサホビメとの間に生まれた**ホムチワケ**。天皇に大切に育てられましたが、**ホムチワケは成人になってもなぜか口がきけませんでした**。しかしあるとき、ホムチワケは空を飛ぶ**白鳥**を見て、初めて片言を口にします。天皇は**ヤマノベノオオタカ**に「**あの白鳥を捕まえよ**」と命じました。ヤマノベノオオタカは白鳥を追って旅を続け、ついに高志（新潟県）の**和那美の水門**で捕らえ、天皇に献上しました〔**図1**〕。

しかし、この白鳥を見てもホムチワケはしゃべりません。悩む天皇が寝ていると、夢の中に神が現れます。そして**「私の神殿を天皇の宮殿のようにつくり直せば、子は必ず口をきけるようになる」**と告げられます。目が覚めた天皇は占いで、夢の神が**出雲の大神（オオクニヌシ）**だとつきとめます。天皇から出雲に派遣されたホムチワケは、参拝を終えると言葉が話せるようになっていたのです。

その後、ホムチワケは出雲で**ヒナガヒメ**と一夜をともにします。ところが、**この娘の正体は蛇でした**〔**図2**〕。恐くなったホムチワケは逃げ出しますが、嘆くヒナガヒメは追ってきます。ますます恐れたホムチワケは、山を越えて大和に帰還しました。報告を受けた天皇は、出雲の神殿を立派につくり直したのです。

ホムチワケをめぐる<u>ふたつの旅</u>

▶ 白鳥を探すヤマノベノオオタカ〔図1〕

ホムチワケが白鳥
を見て言葉を発し
たのは、古代では
鳥が魂を運ぶとさ
れていたため。

ホムチワケ

ホムチワケは白鳥を見
て、初めて片言を発す
る。垂仁天皇は、ヤマ
ノベノオオタカに白鳥
を捕獲させた。

▶ ホムチワケの出雲の旅〔図2〕

ヒナガヒメは、その名から肥の河（➡ P52）の女神と考えられる。一夜
婚の失敗は、大和と出雲の関係が良好でなかったことを示している。

出雲大社への参拝

ホムチワケがオオクニヌシをまつ
る出雲大社に参拝すると、口がき
けるようになった。

ヒナガヒメとの一夜

ヒナガヒメ

ホムチワケは一夜をともにしたヒ
ナガヒメの正体が蛇だと知ると、
逃げ出し、大和に帰還した。

38 再婚話、不老不死…
垂仁天皇の逸話とは?

なるほど! 垂仁天皇は四人姉妹のうち、ふたりと再婚。さらに不老不死の霊薬を求める!

サホビメは自害する前（➡P126）、垂仁天皇の次の后（きさき）に**ヒバスヒメ**と**オトヒメ**の姉妹を推薦しました。天皇はサホビメに指名されたヒバスヒメとオトヒメだけでなく、その姉妹の**ウタゴリヒメ**と**マトノヒメ**も呼び寄せました。しかし結局、天皇はヒバスヒメとオトヒメだけを手元に留め、**残るふたりは容姿が醜いという理由で、故郷に送り返してしまいます**。

マトノヒメは「同じ姉妹なのに、容姿が醜いと言われて送り返されたことが隣近所に知れ渡ったら、本当に恥ずかしい」と考えます。そして、**相楽**（さがらか）（京都府相楽郡（そうらくぐん））まで戻ったとき、首に縄をかけて木の枝からぶら下がろうとしますが死にきれず、しかし、**弟国**（おとくに）（京都府乙訓郡（おとくにぐん））まで戻ったときに、深い淵に身を投げて自害したのでした〔**図1**〕。

垂仁天皇には次のような話もあります。天皇は不老不死を願い、臣下のタヂマモリを海の彼方（かなた）にある**常世の国**（とこよのくに）に派遣し、不老不死の霊薬**「時じくの香の木の実」**（ときじくのかくのこのみ）を持ち帰るように命じます。この実は今の**橘の実**のことです。しかし、タヂマモリが時じくの香の木の実を持って帰国すると、天皇はすでに亡くなっていました。タヂマモリは大声で泣き叫びながら、そのまま死んでしまいました〔**図2**〕。

容姿で后を選ぶ垂仁天皇

▶ 醜いふたりを拒絶する天皇〔図1〕

天皇が醜いふたりを故郷に返す物語は、ニニギがイワナガヒメ（➡ P90）を送り返す物語と同じ構成である。

容姿が醜いために、故郷に送り返されたウタゴリヒメとマトノヒメ。マトノヒメは、帰郷の途中で自害した。

▶ 橘の実を持ち帰る タヂマモリ〔図2〕

不老不死の霊薬を探し求める物語は、中国の神仙思想が影響している。

タヂマモリは「時じくの香の木の実」を持ち帰ったが、すでに天皇は亡くなっていた。

ゆかりの神社 12

中嶋神社
【兵庫県豊岡市】

タヂマモリをまつる神社。橘はミカンの原種で、菓子の最高級品とされたことから、タヂマモリは菓子の神として信仰されている。

『古事記』の武人たちの「甲冑」を検証!

短甲と衝角付冑

甲冑のさらなる装備に、喉元を守る頸甲や、肩を守る肩甲、手首を守る籠手などがあった。短甲は高い防御力があったが、動きにくいのが難点だった。

衝角付冑
鉢の前面の衝角と呼ばれる三角形状の突出部がある。

頸甲 (あかべよろい)

肩甲 (かたよろい)

籠手 (こて)

草摺 (くさずり)
下腹部を保護する防具。

褌 (はかま)

足結 (あゆい)
褌の上から結ぶひも。

『古事記』には戦闘場面の描写がありますが、兵士たちはどのような甲冑を着ていたのでしょうか? 古墳時代に着用されていた**胴を守るための丈の短い「甲」は、「短甲」と呼ばれています**。『古事記』では**「訶和羅」**と表記され、「固く表面を包む」という意味です。屋根をおおう「瓦」と同じ語源です。

木製の短甲は弥生時代からありましたが、古墳時代に革製や鉄製の短甲が登場し、さらに**鉄板を鋲でつなぎ合わせるタイプ**が製作されるようになりました。短甲の上部には２本のひもがつけられていて、それを肩にかけて着用します。当時、鉄は輸入品でとても貴重だったので、下級兵士は木製の短甲を着用していました。

古墳時代中期（５世紀中頃）には、渡来人の技術によって「**挂甲**（けい）」が登場します。挂甲は**鉄製・革製の小さな板（小札（こざね））を、細い革紐などで綴り合わせたもの**で、体を自由に曲げ伸ばしできました。

古墳時代の冑（かぶと）には、「**衝角付冑**（しょうかくつきかぶと）」と「**眉庇付冑**（まびさしつきかぶと）」の２種類がありました。衝角付冑は、前面に**衝角と呼ばれる突出部**があるのが特徴で、敵の刃を滑らせる効果がありました。眉庇付冑は、野球帽のツバのような眉庇や、**頭頂部の受鉢**などで装飾されています。

眉庇付冑
庇があり、頭頂部に受鉢が付属する。

頸甲（あかべよろい）

肩甲（かたよろい）

籠手（こて）

佩楯（はいだて）
脚を守る防具。

草摺（くさずり）

挂甲と眉庇付冑（けいこう　まびさしつきかぶと）

挂甲や眉庇付冑を着用できたのは豪族などの高級武人だけだった。挂甲は日本式甲冑の原点で、平安時代には大鎧（おおよろい）に発展した。

【中巻】天皇の誕生と諸国の平定　**2**章

39 景行天皇の子・ヲウスは恐ろしい人物だった？

なる
ほど！ 天皇から「教え諭せ」と命じられただけで、
自分の兄弟を殺してしまうような人物！

　垂仁天皇の次代は、サホビメの子のホムチワケでなく、**ヒバスヒメの子が継ぎ、12代景行天皇になりました**。景行天皇は多くの女性と結婚し、生涯を通じて80人もの子がいたとされます。このなかに、**オオウスとヲウス**という兄弟がいました。

　あるとき天皇は、美濃（現在の岐阜県）から**エヒメ、オトヒメ**という美人姉妹を妻に迎えるため、オオウスを派遣します。しかし、彼女たちを気に入ったオオウスは、天皇に差し出さずに自分の妻にして、別の女性たちを天皇に差し出します。**天皇はオオウスにだまされたことを知り、深く悩みます**。気まずくなったオオウスは朝夕の食事の席に顔を出さなくなりました〔**図1**〕。

　心配した天皇は、ヲウスに**「おまえから、よく教え諭しなさい」**と命じます。しかし、五日ほど過ぎてもオオウスは現れません。天皇から「まだ教え諭してないのか」と問われたヲウスは「とっくに教え諭しました。便所に入るところを捕まえて、**手足を引きちぎり、薦（むしろ）に包んで投げ捨てました**」と答えたのです。

　天皇はヲウスの勇猛で残忍な性格に恐怖します。そしてヲウスに「西に**クマソタケル**という兄弟がいる。我々に逆らう無礼者である。行って討ち取ってきなさい」と、**西征**を命じたのでした〔**図2**〕。

兄を惨殺するヲウス

▶天皇をだますオオウス〔図1〕

天皇はオオウスにだまされたことを知っても罪に問わなかったが、そのことが悲劇を生む結果となった。

オオウスは、天皇の妻となる美人姉妹を自分の妻にし、別の女性たちを天皇に差し出した。

気まずくなったオオウスは、朝夕の食事に顔を見せなくなり、天皇は深く悩むようになる。

▶西征を命じられるヲウス〔図2〕

天皇がヲウスを恐れたのは、勇猛な性格だけでなく、オオウスを罰したいという心の奥に秘めた願望をヲウスに悟られたためであったかもしれない。

天皇から「おまえから教え諭せ」と命じられたヲウスは、オオウスを惨殺。天皇はヲウスの凶暴な性格を恐れ、西のクマソタケル兄弟を討伐するように命じた。

40 ヲウスはだまし討ちの天才だった？

ヲウスは**女装**で油断させた**クマソタケル**を倒し、**友情**で油断させた**イズモタケル**を切り殺した！

西征を命じられた**ヲウス**は、まず伊勢（現在の三重県）の叔母**ヤマトヒメ**のもとを訪れ、衣装をもらいます。そして、懐に**短剣**を入れて九州へ向かいました。

ヲウスが到着したとき、クマソタケルの館は兵士たちに三重に取り囲まれ、**祝宴の準備が進められていました**。ヲウスは、叔母にもらった衣装を着て女装し、宴会場に紛れこみます。クマソタケル兄弟は女装したヲウスを気に入り、酒盛りをさせます。宴もたけなわになった頃、**ヲウスは短剣で兄タケルを刺し殺しました**〔**図1**〕。

さらにヲウスは、逃げ出す弟タケルを追い、尻から剣を刺し貫きます。瀕死の**弟タケル**から**「あなたは誰か」**と聞かれたヲウスは「私は景行天皇の子だ。おまえたちを退治しにきた」と告げました。弟タケルは「大和には我らよりも強い男がいた。**これからはヤマトタケルと名乗りなさい**」と称えます。それを聞いたヲウスは、弟タケルを切り刻んで殺し、以後、ヤマトタケルと名乗りました。

都に帰還する前、ヤマトタケルは出雲に向かい、武勇で名高い**イズモタケル**と親しくなります。しかし、**この友情は偽り**でした。ヤマトタケルは友情の証として剣の交換を提案し、イズモタケルに**木刀**を渡すと、その隙に**真剣**で切り殺したのです〔**図2**〕。

ヤマトタケルの誕生

▶ クマソタケルを倒すヲウス〔図1〕

ヤマトヒメは伊勢神宮にアマテラスをまつった女性で、ヤマトタケルに授けた衣装には呪力がこめられていた。

クマソタケル

ヲウス

女装してクマソタケルの館に紛れこんだヲウスは、祝宴が盛り上がった頃を見計らって、懐に隠していた短剣で兄タケルを刺殺。続いて弟タケルも切り殺した。

▶ だまし討ちされるイズモタケル〔図2〕

ヤマトタケルはイズモタケルを殺した後に歌を詠む。この歌はイズモタケルを嘲笑する内容に思えるが、哀惜の感情もこめられている。

ヲウス（ヤマトタケル）

イズモタケル

やつめさす　出雲建が　佩ける刀　黒葛さは巻き　さ身無しにあはれ

（イズモタケルが腰に帯びている刀は、鞘に葛のつるがたくさん巻いてあって、刀装は立派だけど、刀身がなくて、あわれなことよ）

ヤマトタケルはイズモタケルと親しくなって油断させた後、だまして木刀を渡し、勝負を挑んで真剣で殺した。

なるほど！ 西征直後、景行天皇からすぐ東征を命じられ、ヤマトタケルは父から疎まれていることを悟る！

　出雲から帰還した**ヤマトタケル**でしたが、報告を受けた景行天皇はヤマトタケルに休む暇を与えず、**東国の平定**を命じます。大和を出発したヤマトタケルは伊勢に立ち寄り、叔母のヤマトヒメに**「天皇は私が早く死ねばよいと思っておられるのでしょうか」**と言って泣き出します。哀れに思ったヤマトヒメは、**草薙の剣**（➡P100）と「危険が迫ったときに開けなさい」と袋を渡しました。

　伊勢を出たヤマトタケルは、尾張（現在の愛知県）で**ミヤズヒメ**と出会い、婚約をします。さらに東に進んだヤマトタケルは、相模（現在の神奈川県）で**国造**（地方長官）にだまされ、野原に入ったところで火を放たれます。そのとき、ヤマトタケルがヤマトヒメからもらった袋を開けると**火打ち石**が入っていました。そこで**草薙の剣**で周囲の草を薙ぎ払い、火打ち石で**向火**を放って、窮地を逃れたのです〔**図1**〕。

　さらに東を目指すヤマトタケルは、走水の海（東京湾）を渡ろうとしましたが、荒波で船が進めません。そのとき、途中から同行していた妻の**オトタチバナヒメ**が**「私が海に入り海神をなだめます」**と言い、入水します。すると海はしずまったのでした〔**図2**〕。

　こうしてヤマトタケルは、苦難の末に東国を平定したのです。

138

苦難の末に東国を平定する

▶ 国造にだまされるヤマトタケル〔図1〕

相模に到着したヤマトタケルは、国造にだまされて危機におちいる。

野原に入ったところで火を放たれたヤマトタケルは、草薙の剣で周囲の草を薙ぎ払った後、向火を放って危機を脱した。

▶ 命を捧げるオトタチバナヒメ〔図2〕

オトタチバナヒメが入水して海神がしずまったのは、生贄の娘が海神の妻になったことを物語っている。

ヤマトタケルの乗る船が嵐に遭遇すると、妻のオトタチバナヒメ※は海神の心をしずめるため、自ら海に身を投じた。

東征の帰路、ヤマトタケルは足柄山でオトタチバナヒメを想い、「吾妻はや（ああ、我が妻よ）」と嘆く。このため、東国は吾妻（東）と呼ばれることになった。

吾妻はや…

※ヤマトタケルの妻になった経緯は、『古事記』には書かれていない。

139

42 故郷に帰れず死ぬ？「ヤマトタケルの死」

なるほど！ 東征を終えたヤマトタケルは伊吹山（いぶきやま）の神を
倒そうとするが、怒りを買って衰弱死する！

　東征を終えたヤマトタケルは、無事に帰郷できたのでしょうか？
尾張に戻ったヤマトタケルは、**婚約していたミヤズヒメと再会し、
結婚します**。そして、腰に帯びていた草薙の剣（くさなぎのつるぎ）を外してミヤズヒメ
に預け、「伊吹山の神を素手で倒してやろう」と豪語し、山に登り
はじめました。

　その途中、ヤマトタケルは大きな**白い猪（いのしし）**に出会います。**「山の神
の使いだろう。帰りに殺せばいい」**とやり過ごしますが、**この白い
猪こそ、山の神**だったのです。

　山頂まで登ったとき、ヤマトタケルは**山の神が降らせた激しい雹（ひょう）
に打たれて**正気を失ってしまいます。ヤマトタケルは休息をとって
正気を取り戻しますが、杖をつかないと歩けないほど衰弱していま
した。能煩野（のぼの）（三重県鈴鹿市）まで着いたとき、**ヤマトタケルは
「倭は国のまほろば」（大和はすばらしい国）**と、望郷の歌を詠みま
す〔**図1**〕。そして、息絶えたのです〔**図2**〕。

　訃報（ふほう）を聞いたヤマトタケルの妻子たちは、この地に陵墓を築きま
した。すると、**ヤマトタケルの魂は白鳥となって飛び立ち**、志幾（しき）（大
阪府柏原市）に舞い降りました。そこでこの地にも陵墓が築かれま
したが、**白鳥は再び飛び立ち、天高く翔上（かけのぼ）ってしまいました。**

ヤマトタケルの死

▶死を迎えるヤマトタケル〔図1〕

衰弱したヤマトタケルは、故郷の大和を想う歌を詠んで亡くなる。

神剣・草薙の剣を外したことで、ヤマトタケルは霊力を失った。

ゆかりの神社 13

熱田神宮
【愛知県名古屋市】

ヤマトタケルの死後、ミヤズヒメが草薙の剣をまつったのがはじまりとされる。

▶ヤマトタケルの東征ルート〔図2〕

東国を平定したヤマトタケルは、故郷に戻れないまま非業の死を遂げる。

6 「吾妻はや」と嘆く

8 伊吹山へ向かう

科野

常磐

上総

伊吹山

科野の坂

酒折宮

足柄山

相模

上総

9 ヤマトタケルが死ぬ

7 尾張に帰還

熱田

尾張

焼津※

走水の海

能煩野

5 オトタチバナヒメの入水

大和

伊勢神宮

4 草薙の剣で危機を脱出

1 東征に出発

3 ミヤズヒメと婚約

2 ヤマトヒメを訪問

※焼津は現在の静岡県焼津市と考えられるが、『古事記』では相模（現在の神奈川県）とされている。

【中巻】天皇の誕生と諸国の平定 **2章**

Q なぜヤマトタケルは 天皇になれなかった?

『古事記』を代表する登場人物であるヤマトタケルですが、即位することなく、悲劇的な死を迎えます。なぜヤマトタケルは、天皇より格下に位置づけられていたのでしょうか?

『古事記』の中で、ヤマトタケルは特別な存在です。**ひとりの人物の生涯をこれほど詳細に書いているのは、ヤマトタケルだけ**です。

また、「**倭建**（ヤマトタケル）」という名前も特徴的です。**「タケル」とは、「朝廷に逆らう蛮族の長」を意味する言葉**です。「熊曾建（クマソタケル）」や「出雲建（イズモタケル）」にはふさわしい名前ですが、朝廷側の人物に「建」がつく場合は「タ

ケ」と読みます。なぜヤマトタケルだけ「建」なのか。諸説ありますが、**朝廷の枠を超えるほど過剰な暴力性を秘めていたため**だと考えられます。神剣である**草薙の剣**を自在に扱えることや、「伊吹山の神を素手で倒してやろう」といった発言からもわかるように、ヤマトタケルはただの人間ではなく、**神的な能力をもつ存在**として描かれているのです〔**下図**〕。

『古事記』の世界観では、死者は黄泉国へ行きますが、ヤマトタケルは、死後、**白鳥となって飛び立ち、最後は天高く翔上ります**。ここで言う「天」は、天皇家の祖先アマテラスが治める**高天の原**であることはまちがいありません。ヤマトタケルは即位することなく亡くなりますが、ヤマトタケルの子（タラシナカツヒコ）が14代**仲哀天皇**として即位し、皇位は仲哀天皇の子孫に受け継がれていきます。つまり、実は**ヤマトタケルはその後に続く皇統の祖先神的な存在として、天皇より「格上」に位置づけられている**のです。

ヤマトタケルの神的な特徴

『古事記』において、ヤマトタケルは通常の人間ではなく、神的な存在として描かれている。

名前が蛮族の長を表す「タケル」。

神剣・草薙の剣を自在に扱える。

素手で神と戦おうとする。

43 ヤマトタケルの死後、新羅への進軍があった？

なるほど！ 13代、14代天皇が亡くなり、神功皇后が神のお告げに従い新羅へ進軍した！

ヤマトタケルの死後、物語はどう進んだのでしょうか？　13代**成務天皇**が亡くなると、ヤマトタケルの子が14代**仲哀天皇**として即位しました。天皇は**訶志比宮**（福岡県福岡市）に宮殿を築いて天下を治め、朝廷に逆らう南九州の**熊曾討伐の準備を進めました**。

ある日、天皇が神を招くために琴をかき鳴らしていると、皇后の**オキナガタラシヒメ（神功皇后）**に神が乗り移り、「金銀財宝に恵まれた新羅を、おまえに与えてやろう」と告げます〔**図1**〕。ところが天皇は神が嘘をついていると思ってしまいます。神は激しく怒り、**「おまえは天下の外へ行け」**と命じたため、天皇は亡くなります。

さらに神は、大臣の**タケウチノスクネ**に「この国は、皇后のお腹にいる子が治めるべき」という言葉を授け、自分たちは海神である**墨江の三神**（➡P38）だと名乗りました。また、神は「我らを船上にまつり、箸と葉盤（柏の葉を重ねてつくった器）を海神に捧げよ」とも告げました。

皇后が、神のお告げどおりにして軍船を並べて新羅へ出撃すると、**海の魚**たちが軍船を背負って進み、さらに**大波**が船団を勢いよく押し進め、新羅内陸まで運んだのです。これを恐れた**新羅王**は戦わずに降伏し、**皇后は宮殿前に杖を突き立てた**のでした〔**図2**〕。

海神の力で遠征が成功する

▶ 神が乗り移る神功皇后 〔図1〕

古代では、神を呼ぶとき琴が演奏された。仲哀天皇は神託を疑ったため神に殺された。

神功皇后には巫女的な霊力が備わっていたと考えられる。

ゆかりの神社 14

住吉大社
【大阪府大阪市】

神功皇后に神託を下した墨江の三神をまつる。皇后は新羅遠征から帰還する途中に、この地に神社を建てた。

▶ 神功皇后の新羅遠征 〔図2〕

海神のお告げどおりに準備を進めた神功皇后は、海神の援助を受けて新羅を平定した。

神功皇后は、新羅領有を宣言する意味をこめて、宮殿の前に杖を突き立てた。

新羅遠征のルート

新羅
百済
訶志比宮

勝利した神功皇后は、新羅に馬の管理を任せた。馬が日本に渡来するのは5世紀以降。

44 嘘の降伏で敵を撃退？ 「神功皇后の策略」

なる
ほど！
日本に帰還した神功皇后は**ホムダワケを出産**。
敵対する皇子たちを**策略によって撃退する**！

　新羅を平定した**神功皇后**。実は、**皇后は遠征中に陣痛がはじまっていました**。そこで、皇后は石を腰に巻きつけて出産を遅らせ、**筑紫（北九州）に戻り着いてから、ホムダワケを生んだのです**〔**図1**〕。

　ホムダワケを連れて大和へ帰還しようとした皇后は、**カゴサカ・オシクマ兄弟**（仲哀天皇の子）が反逆を企てていることを知ります。皇后は、彼らを油断させるため「ホムダワケが死んだ」という噂を流し、棺を乗せる**喪船**をつくって瀬戸内海を進みました。

　兄弟が斗賀野（大阪府大阪市）で皇后軍を待ち伏せているとき、突然、**大猪**が現れてカゴサカを食い殺してしまいます。兄を失ったオシクマですが、あきらめることなく攻撃を続行。喪船を空の船だと考えて襲撃します。しかし、**皇后が船にひそませていた兵士に反撃され、撤退しました**。オシクマが軍を立て直すと、両軍の膠着状態が続きました。そこで皇后軍は「皇后は亡くなった」と告げ、**弓の弦を切り、嘘の降伏します**。

　これを信じたオシクマ軍の兵士が油断して武器を収めると、皇后軍の兵士は、**結った髪の中に隠していた弦を取り出して弓に張り**、攻撃しました〔**図2**〕。隙をつかれたオシクマ軍は敗走し、オシクマは**淡海**（琵琶湖）まで逃げましたが、最後は自害したのです。

▶ ホムダワケの誕生

〔図1〕

ホムダワケ（後の応神天皇）の誕生は、神の意志と結びつけて描かれている。

ホムダワケ

皇后は遠征中に陣痛がはじまるが、腰に石を巻いて出産を遅らせた。

ゆかりの神社 15

宇美八幡宮

【福岡県糟屋郡】

神功皇后がホムダワケ（応神天皇）を生んだ地を「宇美」と名づけ、その後、応神天皇をまつったのが起源。

▶ オシクマ軍をだます皇后軍〔図2〕

皇后の策略によって、オシクマ軍は撃退される。

喪船に隠れた兵が攻撃

船の中に隠れていた皇后軍の兵士が、空の船だと思って攻撃をしかけたオシクマ軍を攻撃した。

嘘の降伏後に攻撃

皇后軍は降伏して弓の弦を切り、オシクマ軍が油断したところで弦を張り直して攻撃した。

「神功皇后の新羅遠征は史実」という説を検証！

　『古事記』の内容は、基本的に国内に関する物語が中心ですが、神功皇后の新羅遠征伝説は、その例外といえます。

　古代における朝鮮と日本との関係を示す史料として、**「広開土王碑（好太王碑）」**があります。古代の朝鮮半島北部を支配した高句麗の19代王である好太王の業績を称えるために建立された石碑で、**391年に倭（日本）が海を渡って、新羅と百済を従えたことや、好太王が倭軍を撃破したこと**などが刻まれています。

こうしたことから、4世紀末に、日本が朝鮮半島に出兵したことは史実の可能性が高いと言えますが、皇后が新羅を征服したという記録はどこにも存在しないため、神功皇后の新羅遠征は史実ではなく、**神話的な伝承**と考えられています。

　また、神功皇后（息長帯比売）のほか、仲哀天皇（帯中津日子）、成務天皇（若帯日子）の名にある**「帯」**は、7世紀頃に使われた称号です。そして、7世紀前半、日本は滅亡した百済を再興するため、新羅に遠征します。このときの天皇は、女帝の37代**斉明天皇**で、九州まで出陣しますが、その地で病没します。このことから、神功皇后は**斉明天皇をモデルに創作された**と考えられます。

　『日本書紀』には、**神功皇后が百済王から「七枝刀」を授かった**と記されています。七枝刀は、石上神宮（➡P111）が所蔵する鉄剣**「七支刀」**とされ、銘文から369年の製作とされます。七支刀は、神功皇后と朝鮮との深い関係性を象徴しているのです。

神功皇后と七支刀

七支刀の銘文は判読できない文字も多いが、神功皇后の名や、献上を意味する言葉はない。七支刀は神功皇后の実在を示すものではないが、4世紀後半の百済と日本との深い関係を示す貴重な史料となっている。

七支刀の長さは約75cmで、刀身の表裏に61文字の銘文が刻まれている。

45 天皇になるには汚れを清める禊が必要?

なるほど! ホムダワケは死んだことにされて身が汚れたため、禊によって身を清めた後に即位した!

　神功皇后の策略で、後継者争いに勝利した**ホムダワケ**。しかし、すぐに即位することはできませんでした。カゴサカ・オシクマとの戦いで死んだことにされたため、嘘とはいえ**このときの死の汚れを禊で清める必要があった**のです。そのため、**タケウチノスクネ**はホムダワケを連れて旅に出かけ、角鹿（福井県敦賀市）に仮の宮を建て、住まわせたのです。

　すると、この地の神**イザサワケ**がホムダワケの夢に現れ、**「私の名を御子の名に変えてほしい」**と言います。「変えます」と答えると、その神は、「翌朝、浜へ出かけなさい」と告げました。

　翌朝、浜に出かけると、浜は鼻の傷ついた**海豚**で満ちあふれていました〔**図1**〕。ホムダワケは「食べ物として魚を与えてくださった」と喜び、この神を**ミケツオオカミ**と呼んで称えました。

　神と交流することで汚れを清めたホムダワケは、大和に帰還。母の神功皇后は、酒を用意して待っていました。そして**「この酒はスクナビコナがつくった酒。飲み干してください」**と歌い、酒をすすめました。すると、ホムダワケに代わってタケウチノスクネが「この酒は、なんとも楽しい酒」と歌で答えました〔**図2**〕。

　こうして、ホムダワケは15代**応神天皇**として即位したのです。

ホムダワケの成人儀礼

▶ 浜に満ちる海豚〔図1〕

イザサワケが与えたのは、「名」ではなく「魚」だった。

タケウチノスクネ

ホムダワケ

夢を見た翌朝、浜は鼻の傷ついた海豚で満ちていた。ホムダワケはイザサワケをミケツオオカミ（食物の神）と呼んで称えた。

ゆかりの神社 16

氣比神宮
【福井県敦賀市】

神功皇后がミケツオオカミをまつるために創建したとされ、ホムダワケがイザサワケと名を交換した地に建つ。

▶ 酒楽の歌〔図2〕

酒宴で歌われる歌は「酒楽の歌」と呼ばれる。この酒席で、ホムダワケは即位を認められた。

神功皇后

ホムダワケ

タケウチノスクネ

この御酒は（中略）少名御神の神寿き
寿き狂ほし 豊寿き 寿き廻し
献り来し 御酒ぞ あさず食せ ささ
（この酒はスクナヒコナが祝福して
踊り狂い回ってつくって献上した酒です。
残さず飲み干してください。 さあ）

46 応神天皇はなぜ年下の子を後継者に指名した？

応神天皇は、**愛し合って生まれた最愛の子**に**皇位**を譲りたかった！

　物語は、応神天皇の皇位継承へと続きます。応神天皇には**オオヤマモリ**、**オオサザキ**、**ウヂノワキイラツコ**という３人の皇子がいました。あるとき天皇は、オオヤマモリとオオサザキを呼んで**「年上の子と年下の子では、どちらがかわいいか」**と問いました。オオヤマモリは「年上の子です」と答えましたが、オオサザキは天皇の真意を察して「年上の子は成人して気にかかりませんが、年下の子はまだ成人していないので、かわいいです」と答えます。天皇は**「それこそ私の思うことだ」**と言い、オオヤマモリには山と海の管理という職を与え、オオサザキには国の政治の補佐を命じ、**最年少のウヂノワキイラツコを後継者にしました**〔**図1**〕。

　天皇がウヂノワキイラツコをかわいがるのには理由がありました。あるとき、天皇は近江国（現在の滋賀県）で**ヤカワエヒメ**という美しい娘に出会います。天皇はすぐに求婚し、**「こうなればよいと願っていた子に、今こうして向かい合っている」**と歌い、ふたりは結ばれます。こうして生まれたのがウヂノワキイラツコだったのです。

　また、天皇は、オオサザキが自分の后になるはずだった**カミナガヒメ**にひと目ぼれすると、争うことなく、**カミナガヒメを快くオオサザキに譲った**という話もあります〔**図2**〕。

天皇に試される二皇子

▶天皇の心を読むオオサザキ〔図1〕

「皇位を最年少のウヂノワキイラツコに譲りたい」という天皇の真意を察したオオサザキは、「年下の子はかわいい」と答えて天皇を喜ばせる。

応神天皇

オオヤマモリ

オオサザキ

天皇の真意を読めなかったオオヤマモリは、その後、冷遇される。

ゆかりの神社 ⑰

宇佐神宮
【大分県宇佐市】

全国に約4万社ある八幡社の総本宮。祭神の八幡大神は、応神天皇の神霊とされる。

▶カミナガヒメを譲る天皇〔図2〕

『古事記』では、ひとりの女性を父子間、兄弟間で争う物語は悲劇的な結末を迎えるが、カミナガヒメの物語は例外で、平穏に終わる。

応神天皇

カミナガヒメ

オオサザキ

菜繰り 延へけく知らに
いや愚にして 今ぞ悔しき

尊繰り 延へけく知らに 我が心しぞ

（蕁菜〔カミナガヒメの例え〕を取る人が手を伸ばしているのも知らないで、私の心は愚かであった。今になってみると悔しいことだ）

47 結局、応神天皇の 次代は誰になった？

なるほど！ ウヂノワキイラツコが最有力だったが、 オオヤマモリが反乱を起こした！

応神天皇に愛された**ウヂノワキイラツコ**ですが、無事に即位できたのでしょうか？ 天皇の死後、不満を高めていた**オオヤマモリは、天下を狙って密かに兵を集め、反乱の準備を進めました**。その動きを察知した**オオサザキ**は、急いでウヂノワキイラツコに知らせます。

オオヤマモリの討伐を決意したウヂノワキイラツコは、宇治川に兵を隠して、宇治の山に陣地を築き、陣地の外からも見える位置に自分の影武者を座らせました。**ウヂノワキイラツコ自身は、粗末な服を身にまとい、渡し船の船頭に変装**します。

宇治に進出したオオヤマモリは、影武者を本人だと思いこみ、自らウヂノワキイラツコを倒そうと考え、船に乗ります。しかし、船が川の中ほどまで進んだとき、船頭姿のウヂノワキイラツコに船を傾けられて川に落ち、溺死してしまいました〔**図1**〕。

こうして反乱をしずめたウヂノワキイラツコですが、「オオサザキが天皇になるべき」と主張し、皇位につくのを拒みます。オオサザキも応神天皇の遺志を守ろうとしたため、**ふたりは互いに皇位を譲り合うことになり、時間だけが過ぎていきました**〔**図2**〕。

そのうち、**ウヂノワキイラツコが早くに亡くなったため、オオサザキが後継者となり、仁徳天皇（➡P162）として即位**したのです。

オオヤマモリが皇位を狙う

▶ オオヤマモリの反乱と鎮圧 〔図1〕

ウヂノワキイラツコの母ヤカワエヒメは、宇治を拠点とする和邇氏出身。このため、この反乱物語は和邇氏の伝承と考えられる。

天下を狙うオオヤマモリは反乱の準備を進めたが、船頭に変装したウヂノワキイラツコは、オオヤマモリを船に誘いこみ、川の中ほどで船から落とした。

ウヂノワキイラツコ

オオヤマモリ

▶ 皇位を譲り合う兄弟 〔図2〕

互いに皇位を譲り合う物語は、中国の儒教思想に基づくもの。儒教では王位を譲る形が理想とされる。

天皇に鮮魚を献上する役目の海人が兄弟に魚を届けに来たが、どちらも受け取らず、行ったり来たりして疲れ果てて泣き出したという。

兄上に届けてくれ

弟に届けてくれ

ウヂノワキイラツコ

オオサザキ

48 中巻最後に登場する アメノヒホコって誰?

なるほど! アメノヒホコは**日本に渡ってきた新羅の王子**。その6代目の子孫に**神功皇后**が生まれる!

『古事記』の中巻は応神天皇の時代で終わり、下巻は仁徳天皇の時代からはじまります。しかし、中巻の最後に、唐突に**アメノヒホコ**の物語が挿入されています。**アメノヒホコとは誰で、なぜこの物語で中巻は終わっているのでしょうか**?

アメノヒホコは**新羅の王子**で、日本に渡ってきた人物です。渡来した理由は、次のようなものでした。ある日、沼のほとりで昼寝をしていた女性の陰部に太陽の光が差しこみ、その女性は**赤玉**を生みます。アメノヒホコがこの赤玉を手に入れると、**赤玉は美女のアカルヒメに変わりました**。ふたりは夫婦になりますが、やがて仲違いし、妻は**「祖国に帰る」**と言って日本に逃げ帰ります。

アメノヒホコは妻を追って難波（大阪）に向かいますが、海峡の神に邪魔されて上陸できません。そこで、多遅摩国（現在の兵庫県北部）に上陸し、土地の娘**マエツミ**と結婚して子を生みます〔**図1**〕。『古事記』に記された系譜によると、アメノヒホコから数えて4代目が**タヂマモリ**（→ P130）で、その弟の娘が神功皇后の母になります。つまり、『古事記』は、**「新羅王の血を引く神功皇后だからこそ、新羅を平定することができた」**と主張するために、アメノヒホコの物語で中巻を締めくくったと考えられるのです〔**図2**〕。

日本にやってきた新羅の王子

▶ アメノヒホコの渡日〔図1〕

水辺の女性が太陽の光で赤玉を生む話は、大陸系の神話に見られる。

アメノヒホコは、赤玉から生まれたアカルヒメを妻にするが、妻をののしるようになる。このため妻は日本へ逃げ帰る。

アメノヒホコは難波まで妻を追いかけたが、上陸できなかったので、多遅摩国に上陸して、マエツミと結婚する。

▶ アメノヒホコと神功皇后〔図2〕

『古事記』では、新羅を平定した神功皇后の祖先を、新羅の王子だったアメノヒホコとしている。

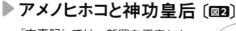

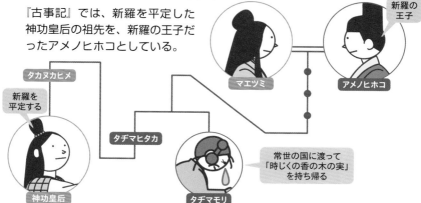

新羅の王子

マエツミ

アメノヒホコ

タカヌカヒメ

新羅を平定する

タヂマヒタカ

常世の国に渡って「時じくの香の木の実」を持ち帰る

神功皇后

タヂマモリ

『古事記』の読解書『古事記伝』を執筆した国学者

本居宣長
もと　おり　のり　なが

〔1730〜1801〕

　『古事記』は、音訓交用の変体漢文体という特殊な表記法で書かれていたため、時代が経つにつれて読める人がいなくなり、歴史書としては埋もれていました。『古事記』に光を当て、再評価した人物が本居宣長です。

　宣長は、江戸時代中期に活躍した、松阪（三重県松阪市）出身の国学者です。国学とは、外国から伝わった仏教や儒教などの影響が及ぶ前の、日本古来の思想を明らかにしようとする学問のこと。宣長は師匠の賀茂真淵からすすめられ、『古事記』の研究をはじめました。宣長は、歴史言語学の手法を使って、古代日本語を実証的に読み解いていき、35年の歳月をかけて『古事記伝』（44巻）という『古事記』の読解書を完成させました。これにより、宣長が「やまとこころ」と呼ぶ日本古来の思想は研究対象になり、国学という学問が大成されたのです。

　宣長は、「外国の神話はすべて嘘で、『古事記』に記された神話だけが唯一の真実。太陽神アマテラスが生まれた日本は世界中で最も優れた尊い国だ」と結論づけます。

　このような外国を拒否する独善的な思想は、宣長の門人・平田篤胤らに受け継がれました。そして、国学は幕末の尊王攘夷思想（天皇を尊び、外国勢力の排除を求める思想）に強い影響を与えることになったのです。

3章

【下巻】
皇位継承と
復讐の連鎖

「下巻」には、天皇や皇族たちの恋愛や、
天皇家の激しい権力闘争が記されています。
血で血を洗う復讐の連鎖が終わるとき、
『古事記』の長い物語も終わりを迎えます。

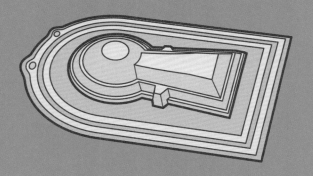

『古事記』下巻のあらすじ

パッと見てわかる!

皇位がどのように受け継がれていったのかという物語が、仁徳天皇（にんとく）と雄略天皇（ゆうりゃく）につながる人物たちを中心に描かれています。

仁徳天皇に関する物語

1 仁徳天皇の恋 (➡ P164)

仁徳天皇は、複数の女性との結婚を望むが、嫉妬深い皇后に邪魔される。

2 争う履中天皇の兄弟（り ちゅう）(➡ P168)

仁徳天皇を継いだ子の履中天皇は、自分を暗殺しようとした弟を、別の弟に命じて殺させる。

3 カルノミコの悲恋 (➡ P170)

允恭天皇（いんぎょう）（仁徳天皇の子）の後継者だったカルノミコは、同母妹との道ならぬ恋に落ちて失脚する。

4 安康天皇暗殺事件（➡ P174）

7歳のマヨワが父の仇だった安康天皇を暗殺するが、オオハツセ（允恭天皇の子）に討伐される。

5 雄略天皇の即位（➡ P176）

オオハツセは、皇位継承の候補者を次々と暗殺していき、雄略天皇として即位する。

6 オケとヲケの発見（➡ P182）

雄略天皇の死後、皇統断絶の危機を迎えるが、オオハツセに殺された皇族の子で逃亡していたオケとヲケの兄弟が発見される。

7 復讐劇の終結（➡ P184）

顕宗天皇となったヲケは、復讐のため雄略天皇の陵墓を破壊しようとするが、オケに諭される。

49 仁徳天皇は民から好かれていた?

民の実情を見て**労役、納税を取りやめる**などし、民を慈しむ「**聖の帝**」と呼ばれていた!

『古事記』の下巻は、理想的な政治をおこなう仁徳天皇を称える物語からはじまります。

応神天皇（➡P150）の子**オオサザキは、16代仁徳天皇として即位**すると、大和を離れ、**難波（大阪府大阪市）の高津宮で政務を執りはじめました**。あるとき、天皇が高い山に登って四方を見渡すと、人々の家から炊事の煙が立ち上っていませんでした。天皇は、「人々は食事をつくれないほど貧しいのだ」と言い、**「今から3年間、人々の労役や納税を免除せよ」**と命じました。

宮殿が傷んで雨漏りするようになっても天皇はいっさい修理することなく、器で雨を受けて、雨漏りのする場所を避けて暮らしたそうです。そして3年後。再び天皇が山に登って見渡すと、いたるところで炊事の煙が立ち上っていました〔**図1**〕。**天皇は、「もうよかろう」と言って、労役と納税を再開**しましたが、人々は豊かになっていたので、苦しむことはありませんでした。人々を慈しむ天皇は、**「聖の帝」**と呼ばれ、称えられたそうです。

また天皇は、水害を防ぐために**茨田**に堤や穀倉を築き、灌漑用に**丸邇池**や**依網池**をつくりました。さらに、**小椅江**に堀を開削して海に通じるようにし、**墨江の津**と呼ばれる港を築きました〔**図2**〕。

難波の地で公共事業を推進する

▶ 炊事の煙で判断する仁徳天皇 〔図1〕

仁徳天皇は、民家から立ち上る炊事の煙によって、人々の暮らし向きを判断した。

3年後

炊事の煙が立ち上っていないので、人々が貧しいと判断し、労役と租税を3年間免除する。

家々に炊事の煙が満ちていたので、人々は豊かになったと判断し、労役と納税を再開する。

▶ 仁徳天皇による土木工事 〔図2〕

仁徳天皇は秦氏（土木技術に優れた渡来人）に命じて土木工事を開始し、現在の大阪が発展する基礎を築いた。

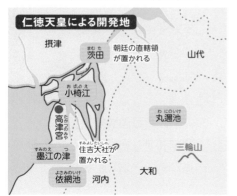

仁徳天皇による開発地

摂津
茨田　朝廷の直轄領が置かれる
山代
小椅江
丸邇池
高津宮
住吉大社が置かれる
三輪山
墨江の津
依網池　河内
大和

ゆかりの神社 ⑱

高津宮
【大阪府大阪市】
866年、高津宮の跡地とされた場所に、仁徳天皇をまつったのが起源とされる。

50 仁徳天皇の数々の恋は 皇后の嫉妬に阻まれた?

なるほど! 仁徳天皇は数多くの女性との**結婚を望んだ**が、 **皇后イワノヒメの激しい嫉妬**で成就しなかった!

「**聖の帝**」と称えられた仁徳天皇の私生活は、どのようなものだったのでしょうか? 実は天皇は、**嫉妬深い皇后のイワノヒメに悩まされていました**。あるとき、天皇は吉備（現在の岡山県）からクロヒメを宮殿に呼びましたが、クロヒメは皇后の嫉妬を恐れて帰国してしまいます。天皇が「**かわいいあなたが船で国へ帰ってしまう**」と歌うと、それを聞いた皇后は怒り、使者を送ってクロヒメを船から下ろし、徒歩で帰国するように命じました。クロヒメを忘れられない天皇は「**淡路島に行く**」と皇后に嘘をついて吉備まで行き、クロヒメとの再会を楽しんだのです。

皇后が**木国**（現在の和歌山県）に出かけると、天皇は**ヤタノワキイラツメ**（天皇の異母妹）を妻にします。それを知って怒った皇后は、天皇のいる**高津宮**には戻らず、**筒木**（京都府京田辺市）にこもったので、天皇は筒木に出向いて許しを乞いました〔**図1**〕。

また、天皇は弟の**ハヤブサワケ**を仲人として、**メドリ**（天皇の異母妹）に結婚を申しこみます。しかし、**皇后の嫉妬を恐れるメドリはハヤブサワケと結婚し、反逆をそそのかします**。謀反の情報を知った天皇は追討の兵を差し向けます。ふたりは蘇邇（奈良県曽爾村）まで逃走しますが、追いつめられて殺されました〔**図2**〕。

事件を引き起こす天皇の求婚

▶ 皇后の激しい嫉妬 〔図1〕

皇后イワノヒメは有力豪族・葛城氏の出身。皇后の嫉妬は、皇族やほかの氏族の女性を天皇から遠ざけるためだった。

クロヒメへの嫉妬

クロヒメ
イワノヒメ

吉備出身の美女クロヒメは、天皇に召されて宮殿に入ったが、皇后の嫉妬を恐れて帰国してしまう。

ヤタノワキイラツメへの嫉妬

イワノヒメ

留守中に天皇がヤタノワキイラツメを妻にすると、皇后は怒って宮殿に戻らず、筒木にこもった。

▶ メドリの反逆 〔図2〕

天皇（オオサザキ）からの求婚を断ったメドリは、ハヤブサワケを結婚相手に選び、反逆をそそのかす。それぞれの人物名が鳥にちなんでいるのは創作的。

メドリ

ハヤブサワケ

高行くや　速総別
鶺鴒捕らさぬ

（高く飛ぶハヤブサよ、サザキを捕って殺してしまいなさい）

Q 仁徳天皇は仁徳天皇陵に葬られていない?

日本最大の古墳である仁徳天皇陵ですが、近年は「大仙陵古墳」「大山古墳」などと呼ばれています。この古墳に葬られているのは、仁徳天皇ではないのでしょうか? そもそも、仁徳天皇は実在したのでしょうか?

ワシのお墓じゃないの?

大仙陵古墳

世界遺産に登録されている**百舌鳥・古市古墳群**にある**「仁徳天皇陵」**(大阪府堺市)は、**5世紀前半に築造された日本最大の古墳**で、世界最大級の古墳としても知られています〔**右図**〕。仁徳天皇陵に葬られている被葬者は仁徳天皇とされますが、実際の被葬者はわかっていません。このため、近年では仁徳天皇陵のことは**「大仙陵古**

墳」または「**大山古墳**」と呼ばれることが多くなっています。

　弥生時代、各地で多様な形の古墳が築かれていましたが、3世紀後半にヤマト政権の発祥地である奈良盆地で**最初の前方後円墳（箸墓古墳）**が築かれると、4世紀には、本州〜九州のほぼ全域で前方後円墳が築かれました。つまり、前方後円墳の普及によって、ヤマト政権の支配が全国に及んだことがわかるのです。そして5世紀になると、**仁徳天皇陵に代表される超巨大な前方後円墳が大阪平野に出現**します。その理由には「政権が大阪平野に移動した」「大阪平野に新王朝が成立した」など諸説ありますが、真実は不明です。

　ただ、仁徳天皇が実在したことは有力視されています。中国の歴史書である『**宋書倭国伝**』には、倭国（日本）の王の使者が宋を訪れて貢物を献上したことが記されていて、**讃・珍・済・興・武**の王の名が見られます。この5人は**「倭の五王」**と呼ばれ、どの王がどの天皇を指すのかについては諸説ありますが、讃を仁徳天皇とする説が有力です。仮に仁徳天皇が実在していなかったとしても、**仁徳天皇陵は「ヤマト政権の王」の実在を証明している**のです。

仁徳天皇陵の復元図

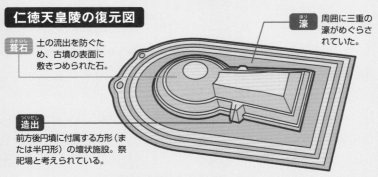

葺石 土の流出を防ぐため、古墳の表面に敷きつめられた石。

濠 周囲に三重の濠がめぐらされていた。

造出 前方後円墳に付属する方形（または半円形）の壇状施設。祭祀場と考えられている。

現在の仁徳天皇陵は全長486mだが、完成当時は500mを超えていた。

51 履中天皇の兄弟たちは激しく皇位を争った？

なるほど！ 仁徳天皇の後継者となった子の履中天皇は、自分を殺そうとした弟を討伐した！

仁徳天皇の死後、皇族内で争いは起きなかったのでしょうか？ 実は、**皇位をめぐる争いは激しさを増していった**のです。

後継者に選ばれた仁徳天皇の子**イザホワケ**は、17代**履中天皇**として即位しますが、**難波宮**（大阪府大阪市）で祝宴を開いたとき、酔って寝てしまいます。すると、天皇の弟**スミノエノナカツミコ**が天皇を殺そうとして宮殿に放火したのです。異変に気づいた臣下が天皇を救出〔**図1**〕。大和の**石上神宮**（➡P111）に連れていくと、天皇の弟**ミズハワケ**が救援のために駆けつけました。しかし「ミズハワケにも命を狙われているのでは」と疑った天皇は、会うのを拒否し、**「スミノエノナカツミコを殺せ」**と命じたのです。

ミズハワケは、すぐさま難波へ引き返します。スミノエノナカツミコの側近**ソバカリ**に近づき、**「おまえの主人を殺せば、大臣の位を与える」**とだまします。ソバカリは主人を殺害しましたが、ミズハワケはソバカリを危険視し、酒宴を開いて、その席でソバカリを殺しました。こうして、ミズハワケは大和の天皇のもとに参上し、深く信頼されることになったのです。

履中天皇の死後、ミズハワケは18代**反正天皇**として即位します。**兄弟間で皇位を継承した最初の天皇でした**〔**図2**〕。

兄弟間による殺し合い

▶ スミノエノナカツミコの反乱 〔図1〕

履中天皇を燃える宮殿から救出したのは、渡来人のアチノアタイだった。渡来人の功績が明記されているのも『古事記』の特徴。

スミノエノナカツミコは履中天皇を殺そうとして宮殿に放火するが、アチノアタイが密かに天皇を救出し、大和へ脱出させる。

スミノエノナカツミコ

履中天皇

アチノアタイ

▶ 仁徳天皇をめぐる天皇家系図 〔図2〕

それまで皇位継承は「父から子」であったが、仁徳天皇の子の世代から「兄から弟」による継承が定着し、兄弟間での争いが増えていった。

メドリ — ハヤブサワケ

ウチノワキイラツコ

16代 仁徳天皇 — オオヤマモリ

殺害

殺害

19代 允恭天皇

18代 ミズハワケ（反正天皇）

殺害

スミノエノナカツミコ

殺害失敗

17代 履中天皇

スミノエノナカツミコの殺害を指示

169

52 カルノミコは恋愛で天皇の座を失った?

なるほど! カルノミコは允恭天皇の後継者に選ばれるが、同母妹との人倫に反する恋愛がばれて失脚!

　皇位をめぐる皇族の兄弟間の争いは、その後も続いたのでしょうか? **反正天皇**が亡くなると、その弟が19代**允恭天皇**として即位し、世継ぎに長男の**カルノミコ**を指名しました。

　允恭天皇が亡くなると、カルノミコは即位前に、同母妹の**カルノオオイラツメ**と道ならぬ恋に落ちます。そして「**乱れば乱れ　さ寝しさ寝てば**（ふたりの仲が乱れて離れ離れになっても構わない。こうしていっしょに寝さえしたなら）」という歌を詠みました。

　当時、同母妹との結婚は**禁忌**（タブー）とされていました。このため、この兄妹の密通が知れ渡ると、人々の心はカルノミコから離れ、その弟**アナホノミコ**に期待が集まりました。危機感を抱いたカルノミコは臣下の館に立てこもり、武器を用意しはじめますが、アナホノミコの軍勢に館を包囲されます。そして捕まって引き渡され、**伊予の湯**（愛媛県の道後温泉）に流されてしまいます〔**図1**〕。

　残されたカルノオオイラツメは、カルノミコを愛しく思う気持ちが抑えられなくなり、「**迎へを行かむ　待つには待たじ**（お迎えに参りましょう。とても待つことはできません）」という歌を詠み、カルノミコを追って伊予に向かいます。そして、**再会を果たしたふたりは、ともに自害したのです**〔**図2**〕。

悲劇的な結末を迎える兄妹の恋

▶カルノミコの失脚〔図1〕

カルノミコが即位前に禁忌を犯すとは考えにくい。兄妹の悲劇は、アナホノミコの即位を説明するための創作と考えられている。

カルノミコは、同母妹と道ならぬ恋に落ちたため人望を失う。危機感を抱いたカルノミコは挙兵を企てるが、実行前にアナホノミコに捕まる。

カルノミコ

アナホノミコ

▶妹に再会するカルノミコ〔図2〕

カルノミコが妹と再会するまでの間、ふたりは心情を歌に詠み合う。もともと伝わっていた歌を、兄妹の恋愛物語に組みこんだものと考えられる。

カルノオオイラツメ

鏡如す
吾が思ふ妹
（鏡のように
私が大事に思う妻よ）

カルノミコ

古代人の心が読み取れる？
『古事記』の歌を検証！

『古事記』には**111首**もの歌が詠まれています。特に、中巻・下巻の歌は多く、歌によって進行する物語も多くあります。こうした歌は、神々や皇族が歌ったことになっていますが、実際は、**氏族や庶民の間に伝承されてきた歌**だと考えられます。

『古事記』の歌の特徴は、同時代の歌集『**万葉集**』（8世紀末）に

も見られるように、**愛情表現が直接的で、肉感的**なところです。例えば、ヤチホコに求愛されたヌナカワヒメ（➡P70）が詠んだ歌には「**沫雪の　若やる胸を　そ手抱き　手抱きまながり（私の雪のような白い胸を愛撫して絡み合い）**」といった表現が見られます。こうした表現は、平安時代（10世紀初期）に成立し、貴族や知識人の歌を集めた『**古今和歌集**』にはまったく見られません。『古事記』の歌には、**古代人の率直で力強い心情が表現されている**のです。

『古事記』に詠まれている歌

ヤマトタケルが死ぬ前に詠んだ望郷の歌

倭は　国のまほろば
たたなづく　青垣
山隠れる　倭しうるはし

訳　大和は最もよい国。重なり合う青い垣根のような山々に囲まれ、守られている倭は美しい。

イワレビコが兄の仇ナガスネビコを撃ったときの歌

みみつくし　久米の子らが　垣下に　植ゑし椒　口ひひく
吾は忘れじ　撃ちてし止まむ

訳　久米の兵士らが垣の下に植えた山椒は口がひりひりする。我らはその味（敵に受けた屈辱）を忘れない。撃たずにおくものか。

ホオリがワタツミの宮に帰ったトヨタマビメに送った歌

沖つ鳥　鴨著く島に　我が率寝し　妹は忘れじ
世のことごとに

訳　夫婦仲がよい鴨が住む沖の島（ワタツミの宮）で、私といっしょに寝た愛しい妻のことを忘れることはない。この世にある限りずっと。

53 天皇暗殺事件が勃発？ 7歳の少年の復讐劇

なるほど！ **7歳のマヨワノミコ**は、自分の父が**安康天皇**に殺されたことを知って、**復讐を果たした！**

　カルノミコが自害し、**アナホノミコ**が20代 **安康天皇**として即位しました。あるとき天皇は、弟**オオハツセ**の妻に、**オオクサカ**（仁徳天皇の子）の妹を迎え入れようとして使者を送ります。喜んだオオクサカは、豪華な結納品を使者に持たせますが、使者は結納品を盗み、「オオクサカは断りました」と天皇に嘘の報告をしました。**激怒した天皇はオオクサカを殺し、その妻を奪って自分の后にします**。このとき天皇は、奪った后の子で7歳の**マヨワノミコ**も引き取りました。

　あるときマヨワは、天皇が自分の父親を殺したことを知ります。父の仇を討つことを決心したマヨワは、寝室に忍びこんで、寝ている天皇を殺害。臣下の**ツブラオオミ**の館へ逃げこみました〔**図1**〕。

　これを知ったオオハツセは、兄**クロヒコ**のもとを訪れますが、煮え切らない態度を取ったため切り殺します。続いて、もうひとりの兄**シロヒコ**のもとを訪れますが、無関心な態度だったので生き埋めにして殺すと、兵を率いてツブラオオミの館を包囲しました〔**図2**〕。

　ツブラオオミは敗北を悟りますが**「私を頼ってくれた王子を見捨てることはできません」**と言い、戦い続けます。そして傷を負い、矢が尽きると、マヨワの求めに応じて刺殺し、自害したのです。

父の仇を討つマヨワ

▶ マヨワによる安康天皇暗殺 〔図1〕

マヨワが7歳に設定されたのは、皇位を奪おうとしての謀反ではなく、純粋な仇討ちであることを示すためだったのかもしれない。

宮殿の床下で遊んでいるとき、偶然、父を殺したのが天皇であることを知ったマヨワは、天皇が寝ているときに天皇を殺した。

▶ ふたりの兄を殺すオオハツセ 〔図2〕

「暴力的で兄を虐殺する」という点で、ヤマトタケルとオオハツセは酷似している。このため、ヤマトタケルはオオハツセをモデルに創作されたという説もある。

クロヒコを殺害

襟首をつかんで引きずり出して切り殺した。

シロヒコを殺害

腰まで生き埋めにしたところで死んだ。

54 皇位継承候補者を排除？「雄略天皇の即位」

なるほど！ オオハツセは、皇位継承の候補者だった
イチノベノオシハノミコを暗殺して即位した！

マヨワを倒した**オオハツセ**は、**イチノベノオシハノミコ**（履中天皇の子）を誘って近江（現在の滋賀県）に狩りに出かけます。このときオオハツセは、イチノベノオシハノミコを馬で追いかけ、**いきなり矢で射殺し、体を切り刻んで土に埋めます**。危険を察知したイチノベノオシハノミコの子である**オケ**と**ヲケ**は、すぐに逃走し、播磨（現在の兵庫県）の豪族**シジム**のもとに身を寄せました〔**図1**〕。

こうして、皇位継承の候補者をすべて排除したオオハツセは21代**雄略天皇**として即位します。天皇は、オオクサカの妹の**ワカクサカベ**を皇后にしたいと思い、河内（現在の大阪府南部）に住んでいたワカクサカベを訪ねるために出かけました。その途中、土地の豪族の家に**鰹木**（棟飾り）が並べられているのを見て**「こいつは自分の家を天皇の宮殿に似せている」**と激怒し、焼き払おうとします。しかし、豪族が謝罪して、**布をかけた白い犬**を献上したので、これを許しました〔**図2**〕。

こうして、ワカクサカベの家に着いた天皇は、この白い犬を渡して結婚を申しこみましたが**「畏れ多いので、私がそちらに行って皇后になります」**と、ひとまず返されます。帰路についた天皇は**「いっしょに寝られずに別れた妻がいとしい」**と歌うのでした。

殺戮をくり返したオオハツセ

▶ イチノベノオシハノミコを暗殺 〔図1〕

皇位を狙うオオハツセは、邪魔な存在だったイチノベノオシハノミコを惨殺した。

オオハツセはイチノベノオシハノミコを狩りに誘って、いきなり矢で射殺した。

危険を察知したイチノベノオシハノミコの子、オケとヲケは、すぐに逃走した。

▶ 白い犬を献上される雄略天皇 〔図2〕

雄略天皇は、鰹木で飾った家を焼き払おうとするが、家主の豪族から白い犬を献上されると、許した。オオハツセの残忍性は即位後に弱まる。

55 雄略天皇は行く先々で求婚をくり返した？

雄略天皇は大和近辺で**少女に求婚をくり返し、**そのたびに**多くの歌**を詠んでいた！

　暗殺をくり返して即位した雄略天皇ですが、恋愛に関する話と歌も豊富にあります。天皇は、三輪川（奈良県桜井市）で美少女**アカイコ**に出会います。天皇は**「誰にも嫁ぐな。いずれ迎えに来る」**と命じますが、すっかり忘れてしまいます。それから80年が過ぎて、老婆になったアカイコは天皇のもとを訪れ「今日まで待っていました」と告げます。心打たれた天皇は、妻にするのは遠慮しましたが、**「若いときならいっしょに寝たものを」**という歌を与えました。

　また、吉野（奈良県吉野町）で出会った少女は、妻にした後に再びともに吉野を訪れ、舞を舞わせ、その美しさを歌に詠んでいます。

　続いて、天皇が**オドヒメ**を妻にするため春日（奈良県奈良市）に行ったときは、オドヒメが恥ずかしがって岡に逃げたのを見て**「少女が隠れた岡を掘り返す鋤がほしい」**と歌いました〔**図1**〕。

　また、雄略天皇が神と出会った話もあります。葛城山（奈良県御所市）で狩りをしていた天皇は、**大きな猪に追いかけられ、恐怖のあまり木に登って逃げます。**そして、再び葛城山に登ったとき、**ヒトコトヌシ**という悪いことも善いこともひと言で言い放つ神に出会います。天皇が刀や弓、衣服などをヒトコトヌシに献上すると、ヒトコトヌシは喜び、天皇を宮殿近くまで送り届けました〔**図2**〕。

性格が丸くなる雄略天皇

▶ 求婚をくり返す雄略天皇〔図1〕

天皇は即位後、大和周辺を旅して、出会う少女たちに次々と求婚していく。

アカイコへの求婚

アカイコ

天皇は美しい少女アカイコを「いずれ妻にする」と命じるが、その約束を忘れてしまう。

オドヒメへの求婚

オドヒメ

天皇はオドヒメに求婚するために現れるが、オドヒメが岡に隠れたので「岡を掘り返したい」と歌う。

▶ ヒトコトヌシの出現〔図2〕

雄略天皇は葛城山への二度目の登山でヒトコトヌシに出会う。

ヒトコトヌシ　　雄略天皇

ヒトコトヌシは雄略天皇と同じ装束で現れた。

ゆかりの神社 ⑲

葛城一言主神社
【奈良県御所市】

ヒトコトヌシと雄略天皇をまつる神社。ふたりが出会った地に建つとされる。

Q 残虐だった雄略天皇が なぜ猪から逃げたのか？

即位前の雄略天皇は、兄たちを残忍に殺すなど、恐れを知らない性格に見えますが、即位後に葛城山で猪に遭遇すると、恐怖のあまり木に登って逃げます。これまでの残虐性からすると違和感がありますが、なぜなのでしょうか？

　皇位継承の候補者を抹殺して即位した**雄略天皇**は、旅先で出会った少女に求婚を続けていきますが、その途中、**葛城山に二度登ります**。最初の登山のとき、巨大な猪が現れたので、天皇は矢を射ますが、仕留めるのに失敗。怒った猪は突進してきます。**恐れた天皇は、近くの木に登って「猪が恐くて私は木に登った」という歌を詠みま**

す。そして、二度目の登山でヒトコトヌシに出会うのです。

『古事記』では、強い力をもつ猪は「神」としてよく現れます。**ヤマトタケル**が伊吹山で出会った猪（➡P140）は、神の使いではなく、神そのものでした。また、ホムダワケと皇位を争った**カゴサカ**を食い殺した猪（➡P146）も神だと考えられます。こうしたことから、**雄略天皇の最初の登山で現れた猪は、ヒトコトヌシの化身だと考えられます**。つまり、**一度目は神と争って敗れて逃げ出し**、二度目に神と良好な関係を築いたことが暗示されているのです。

では、葛城山の神であるヒトコトヌシは何を表しているのでしょうか？　**ヤマト政権は、天皇家による独裁体制ではなく、複数の有力豪族によって支えられていました**〔右図〕。そして、葛城山一帯を支配する葛城氏は、ヤマト政権を支える豪族の中で最大の勢力を誇っていました。マヨワを保護してオオハツセと戦った**ツブラオオミは、葛城氏の長を務めていた人物**です。葛城氏と天皇家とは、複雑な緊張関係にあったのです。このため、雄略天皇の二度の登山は、葛城氏が天皇に服従した過程を示していると考えられるのです。

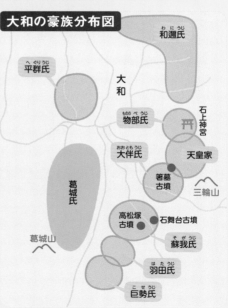

大和の豪族分布図

和邇氏

平群氏（へぐりうじ）

大和

物部氏（もののべうじ）

石上神宮（いそのかみじんぐう）

大伴氏（おおともうじ）

天皇家

箸墓古墳（はしはか）

三輪山（みわやま）

葛城氏

高松塚古墳（たかまつづか）

石舞台古墳（いしぶたい）

蘇我氏（そがうじ）

葛城山（かつらぎやま）

羽田氏（はたうじ）

巨勢氏（こせうじ）

マヨワが頼った葛城氏は、ヤマト政権を支える豪族の中で最大の勢力を誇っていた。

【下巻】皇位継承と復讐の連鎖 **3**章

56 暗殺された皇族の子が後に天皇になった？

なるほど！ 天皇家の血筋が断絶するという緊急事態に、逃亡していた**オケとヲケの兄弟**が発見される！

雄略天皇の死後、天皇の子が22代**清寧天皇**として即位しますが、子がないまま亡くなり、天皇家は血筋が途絶える危機を迎えます。この緊急事態に、雄略天皇に殺された**イチノベノオシハノミコ**の妹**イイトヨノミコ**が対応することになりました。

こうした状況の中、播磨（現在の兵庫県）の長官に任命された**オダテ**は、**シジム**という土地の豪族の宴会に出席しました。宴会が盛り上がると、みんなが舞い出し、かまど番のふたりの少年も舞うことになりました。ふたりのうち弟が**「兄さん、先に舞ってください」**と言うと、兄は**「弟よ、おまえが先に舞え」**と言います。

結局、兄が先に舞った後、次に舞った弟は、自分の想いを歌にしました。その内容は**「私はイチノベノオシハノミコの子だ」**という、驚くべきものでした。それを聞いて仰天したオダテは、ふたりをひざの上に座らせて泣き、朝廷に報告しました〔**図1**〕。

大喜びしたイイトヨノミコは、ふたりを呼び寄せました。こうして、天皇の後継者となった兄のオケと弟のヲケでしたが、互いに皇位を譲り合います。オケが「おまえのおかげで皇位を継承できるのだから、先におまえが天下を治めるべきだ」と強く訴え、承諾させます。こうして**弟のヲケが23代顕宗天皇になった**のです〔**図2**〕。

皇位継承者となった ふたりのミコ

▶身分を明かすヲケ〔図1〕

ふたりの兄弟が逃亡したのは雄略天皇の即位前なので、天皇没後に少年のままなのは、実は辻褄が合わない。

オダテ

兄 オケ

弟 ヲケ

弟のヲケは、舞いながら「私はイチノベノオシハノミコの子だ」と歌い、身分を明かした。オダテは床から転げ落ちるほど驚いた。

▶オケとヲケの系図〔図2〕

雄略天皇が皇族を次々と殺害したため、清寧天皇亡き後の皇位継承者は、オケとヲケしかいなくなった。

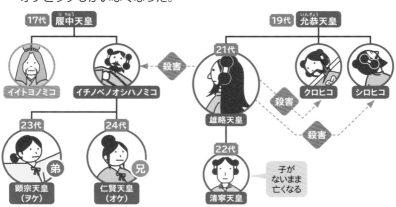

17代 履中天皇

19代 允恭天皇

イイトヨノミコ

イチノベノオシハノミコ

21代 雄略天皇

クロヒコ

シロヒコ

殺害

殺害

殺害

23代 顕宗天皇（ヲケ）弟

24代 仁賢天皇（オケ）兄

22代 清寧天皇

子がないまま亡くなる

57 皇室の争いに 終わりは訪れるのか?

顕宗天皇は父の報復を計画するが、兄の機転で大事にならず、**皇族争いに終止符が打たれる!**

　兄に先行して顕宗天皇となったヲケは、父**イチノベノオシハノミコ**の遺体が埋められた場所を探しはじめました。すると、近江(現在の滋賀県)に住む身分の低い老女が、その場所を知っていたので、**天皇は遺体を掘り返し、立派な陵墓を築いて遺骨を埋葬しました。**恩返しをするため、天皇は老女を宮中に呼んで住まわせ、毎日会っていましたが、老女は**「私はずいぶん老いたので」**と言い、故郷に戻ってしまいます〔**図1**〕。

　天皇の最後の望みは、**父の仇・雄略天皇への恨みを晴らすこと**でした。そのため、雄略天皇の陵墓を破壊しようと考えます。このとき、兄のオケが**「私が壊しましょう」**と、その役目を引き受けました。ところがオケは、陵墓の隅の方を少し掘っただけで戻ってきました。天皇から「なぜ、少し掘るだけにしたのか」と問われたオケは「天下を治めた天皇の陵墓を破壊すれば、後世の人たちから非難されるでしょう。**報復するなら、少し掘るだけで十分です」**と諭し、天皇を納得させたのです〔**図2**〕。

　その後、天皇が38歳で亡くなると、**オケが24代仁賢天皇として即位**しました。こうして、**皇位をめぐる激しい争いに終止符が打たれ、『古事記』の物語も、ここで終わる**のです。

『古事記』が記す最後の物語

▶ 老女に恩返しする顕宗天皇〔図1〕

雄略天皇はイチノベノ
オシハノミコを殺し、
体を切り刻んで土に埋
めた。顕宗天皇は、そ
の場所を教えてくれた
老女に感謝して宮殿に
呼んだが、老女は故郷
に帰った。

顕宗天皇

▶ 顕宗天皇を諭すオケ〔図2〕

『古事記』は、オケ（仁賢天皇）が復讐の連鎖を止める物語で終わる。

オケ

雄略天皇の陵墓破壊を引き受けたオケは、隅を少し掘っただけで戻
る。顕宗天皇からその理由を問われたオケは「すべて破壊すれば、
後世の人たちから非難される。これで十分」と諭した。

〔下巻〕皇位継承と復讐の連鎖 **3章**

長大な『古事記』の
終わり方を検証！

『古事記』において、オケとヲケの物語の後に即位した**24代仁賢天皇**（にんけん）について記されているのは、宮殿の場所や妻子の名前、在位期間など、系譜情報だけです。そして、**25代武烈天皇以降も系譜情報の記述しかなく、33代推古天皇の系譜を記して『古事記』は完結**します。なぜ、『古事記』は推古天皇で終わり、仁賢天皇以降の物語が記されていないのでしょうか？

『古事記』を企画したのは**40代天武天皇**で、天武天皇の父は**34代舒明天皇**です。『古事記』という書名は「古い時代の事を記した本」という意味なので、**自分の父が即位する前の推古天皇の時代までを「古い時代の事」と区切った**のかもしれません。

また、『古事記』の目的は、天皇家が日本を統治する正統性を、国内に示すためだと考えられます。そして、『古事記』下巻は**「皇位がどのように受け継がれていったか」**という物語で展開します。仁賢天皇を継いだ武烈天皇には子がおらず、天皇家は再び血統断絶の危機を迎えます。そのとき、**15代応神天皇**の子孫であった**26代継体天皇**が近江（現在の滋賀県）から迎えられ、仁賢天皇の娘**タシラカノミコト**と結婚し、ふたりの間に生まれた**29代欽明天皇**の子孫が皇位を受け継いでいきます〔**下図**〕。つまり、**継体天皇の系譜を示したことで『古事記』の目的は達成された**といえるのです。

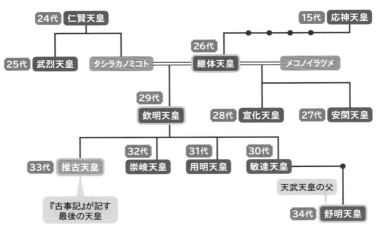

天皇家系図　皇統は武烈天皇の死で途絶えたが、継体天皇を迎え入れたことで受け継がれた。

〔下巻〕皇位継承と復讐の連鎖　**3章**

古事記関連年表

この年表は、できごとを年代順に記述している『日本書紀』をもとにしています。内容は必ずしも史実に即したものではありません。

西暦	年号	できごと
前667		神倭伊波礼毘古命（カムヤマトイワレビコノミコト）が東征を開始（➡P108）
前660	神武1	神倭伊波礼毘古命が神武（じんむ）天皇として即位（神武76年崩御）（➡P114）
前581	綏靖1	綏靖（すいぜい）天皇が即位（綏靖34年崩御）（➡P118）
前549	安寧1	安寧（あんねい）天皇が即位（安寧38年崩御）
前510	懿徳1	懿徳（いとく）天皇が即位（懿徳34年崩御）
前475	孝昭1	孝昭（こうしょう）天皇が即位（孝昭83年崩御）
前392	孝安1	孝安（こうあん）天皇が即位（孝安102年崩御）
前290	孝霊1	孝霊（こうれい）天皇が即位（孝霊76年崩御）
前214	孝元1	孝元（こうげん）天皇が即位（孝元57年崩御）
前158	開化1	開化（かいか）天皇が即位（開化60年崩御）
前97	崇神1	崇神（すじん）天皇が即位（崇神68年崩御）
前93	崇神5	疫病の流行により多くの人民が死亡（➡P122）
前88	崇神10	大毘古命（オオビコノミコト）らを諸国に派遣する（➡P124）
前29	垂仁1	垂仁（すいにん）天皇が即位（垂仁99年崩御）
前25	垂仁5	沙本毘古王（サホビコノミコ）・沙本毘売（サホビメ）の謀反（➡P126）
前5	垂仁25	倭比売命（ヤマトヒメノミコト）が伊勢に天照大御神（アマテラスオオミカミ）を鎮座
71	景行1	景行（けいこう）天皇が即位（景行60年崩御）
97	景行27	倭建命（ヤマトタケルノミコト）が熊曾（クマソ）を討つ（➡P136）
110	景行40	倭建命が東征を開始（➡P138）
113	景行43	倭建命が命を落とす（➡P140）
131	成務1	成務（せいむ）天皇が即位（成務60年崩御）
192	仲哀1	仲哀（ちゅうあい）天皇が即位（仲哀9年崩御）
200	仲哀9	神功皇后（じんぐう）が新羅（しらぎ）に遠征（➡P144）。品陀和気命（ホムダワケノミコト）を出産（➡P146）

神武天皇

垂仁天皇

神功皇后

西暦	年号	できごと
201	神功1	香坂王・忍熊王の反乱を神功皇后が鎮圧 (➡P146)
252	神功52	百済から七枝刀が献上される (➡P149)
269	神功69	神功皇后が崩御
270	応神1	応神天皇が即位 (応神41年崩御) (➡P150)
310	応神41	宇遅能和紀郎子が大山守命の反乱を鎮圧 (➡P154)
313	仁徳1	仁徳天皇が即位 (仁徳87年崩御) (➡P162)
316	仁徳4	人民の課役を3年間免除する (➡P162)
325	仁徳13	茨田の穀倉と丸邇池をつくる (➡P162)
342	仁徳30	仁徳天皇が八田若郎女を召す (➡P164)
		皇后の石之日売は筒木に入り、天皇との面会を拒絶する (➡P164)
352	仁徳40	速総別王と女鳥王が反逆し、殺害される (➡P164)
399	仁徳87	墨江中王の反乱が鎮圧される
400	履中1	履中天皇が即位 (履中6年崩御) (➡P168)
406	反正1	反正天皇が即位 (反正5年崩御)
412	允恭1	允恭天皇が即位 (允恭42年崩御)
453	安康1	木梨之軽太子が自害し、安康天皇が即位 (➡P174)
456	安康3	目弱王が安康天皇を殺害 (➡P174)
		大長谷王子が目弱王を討伐し、市辺之忍歯王を殺害 (➡P176)
		雄略天皇として即位 (雄略23年崩御) (➡P176)
460	雄略4	雄略天皇、葛城山中で一言主大神に遭遇 (➡P178)
480	清寧1	清寧天皇が即位 (清寧5年崩御)
481	清寧2	意祁王・袁祁王の二王子が発見される (➡P182)
484	清寧5	飯豊王が政務を執る
485	顕宗1	顕宗天皇が即位 (顕宗3年崩御)
486	顕宗2	意祁王に諫められ、顕宗天皇が雄略天皇の陵墓破壊を中止する (➡P184)
488	仁賢1	仁賢天皇が即位 (仁賢11年崩御)

仁徳天皇

雄略天皇

189

さくいん

参考文献　　『古事記の謎をひもとく』谷口雅博著（弘文堂）
『カラー版 一番よくわかる古事記「神々の系譜」折込み付き』谷口雅博監修（西東社）
『古事記（池澤夏樹＝個人編集 日本文学全集01）』池澤夏樹訳（河出書房新社）
『古事記（上）（中）（下）』次田真幸訳注（講談社学術文庫）
『マンガ古典文学 古事記（壱）（弐）』里中満智子著（小学館）
『読み解き古事記 神話篇』三浦佑之著（朝日新聞出版）
『今こそ知りたい、この国の始まり 古事記』三浦佑之監修（朝日新聞出版）
『古事記を読みなおす』三浦佑之著（ちくま新書）
『口語訳 古事記（神代篇）（人代篇）』三浦佑之著（文春文庫）
『まんがで読む古事記1～5』久松文雄著（青林堂）
『愛と涙と勇気の神様ものがたり まんが古事記』ふわこういちろう著（講談社）
『地図と写真から見える！ 古事記・日本書紀』山本明著（西東社）
『オールカラーでわかりやすい！ 古事記・日本書紀』多田元監修（西東社）
『マンガ 面白いほどよくわかる！ 古事記』かみゆ歴史編集部編（西東社）
『大判ビジュアル図解 大迫力！ 写真と絵でわかる古事記・日本書紀』加唐亜紀著（西東社）
『日本文学史序説（上）』加藤周一著（ちくま学芸文庫）

監修者 **谷口雅博** (たにぐち まさひろ)

國學院大學文学部教授。博士（文学）。1960年、北海道生まれ。1991年、國學院大學大学院文学研究科博士課程後期所定単位取得退学。専攻は日本上代文学（古事記・風土記など）。おもな著書に、『古事記の謎をひもとく』（弘文堂）、『古事記の表現と文脈』（おうふう）、『風土記説話の表現世界』（笠間書院）、『風土記探訪事典』（共著・東京堂出版）などがある。

イラスト	桔川シン、堀口順一朗、北嶋京輔、栗生ゑゐこ
デザイン・DTP	佐々木容子（カラノキデザイン制作室）
校閲	西進社
編集協力	浩然社

イラスト&図解 知識ゼロでも楽しく読める！古事記

2022年 8 月30日発行　第 1 版
2024年 4 月30日発行　第 1 版　第 3 刷

監修者	谷口雅博
発行者	若松和紀
発行所	株式会社 西東社
	〒113-0034　東京都文京区湯島2-3-13
	https://www.seitosha.co.jp/
	電話　03-5800-3120（代）

※本書に記載のない内容のご質問や著者等の連絡先につきましては、お答えできかねます。

ISBN 978-4-7916-3179-7